TOTEM

Kathleen Dean Moore est philosophe et naturaliste. Elle a passé son enfance dans l'Ohio et enseigne aujourd'hui à l'université de l'Oregon, dispensant des cours sur l'éthique environnementaliste et la philosophie de la nature. Activement engagée dans la défense du monde sauvage, elle a signé de nombreux essais et récits. *Sur quoi repose le monde* obtient le prix spécial du jury du festival Écrire la nature en 2020.

SUR QUOI REPOSE LE MONDE

> La principale leçon de ce livre merveilleux est limpide : arrêtons de séparer la nature et la culture, le sauvage et le civilisé, le profane et le sacré.
>
> *François Busnel*

> Inspirée par l'amour pour cette île sauvage où elle revient chaque année en famille, la philosophe et naturaliste Kathleen Dean Moore livre ses réflexions dans un recueil contemplatif qui témoigne de la beauté du "torrent des organismes vivants".
>
> *Psychologie positive*

> Après son merveilleux *Petit Traité de philosophie naturelle*, elle partage ici sa théorie du bonheur et rappelle, comme le naturaliste Henry David Thoreau, que pour mieux comprendre les êtres et les préserver, il faut d'abord apprendre à se connecter au monde. Éblouissant !
>
> *Femme actuelle jeux*

> Très poétique, profond et accessible, ce livre nous parle avec justesse de ce sur quoi repose le monde : l'amour.
>
> *Happinez*

DU MÊME AUTEUR

*Petit Traité de philosophie naturelle*, 2006, totem n°149

Kathleen Dean Moore

# SUR
# QUOI
# REPOSE
# LE
# MONDE

Récits

*Traduit de l'américain
par Josette Chicheportiche*

TOTEM n°236

*Titre original* : THE PINE ISLAND PARADOX

Copyright © 2004 by Kathleen Dean Moore
All rights reserved

First published in the United States of America
as *Pine Island Paradox* by Milkweed Edition,
1011 Washington Avenue South, Suite 300, Minneapolis
Minnesota, 55415.milkweed.org

© Éditions Gallmeister, 2021, pour la traduction française
© Éditions Gallmeister, 2023, pour la présente édition
ISBN 978-2-35178-880-6
ISSN 2105-4681

Illustration de couverture © Marius Guiet
Conception graphique de la couverture : Valérie Renaud

*À Frank*

## PROLOGUE

Imaginons que votre travail consiste à mesurer une île. Imaginons que vous êtes cartographe. Il vous faudra des bottes, un petit bateau et un mètre ruban. Tirerez-vous sur le ruban pour faire le tour d'un promontoire, ou localiserez-vous chaque crevasse et chaque balane ? Commencerez-vous quand la mer s'enroule et submerge les zostères, ou quand l'île se déploie en se couvrant de brume à marée descendante ? Votre mission sera plus difficile encore si vous choisissez un jour de pluie ou un jour de grand vent, lorsque les vagues se fracassent contre les rochers. Comment cartographierez-vous la fuite de l'azote des aulnes dans l'océan, et de quelle manière le polytric commun respire l'oxygène présent dans les vagues ?

À Pine Island, l'île sauvage de l'Alaska où nous campons, ma famille et moi, j'écarte les tiges caoutchouteuses des grandes algues brunes, cherchant au bord de l'eau là où la terre s'arrête et où la mer commence. Je peux me trouver en plein cœur de la forêt de sapins-ciguë, les pieds solidement plantés dans la terre végétale, et dire "Voici Pine Island", ou patauger dans la baie jusqu'aux genoux et dire "Voici l'océan Pacifique." Mais là, la distinction ne tient pas. Plus je cherche attentivement, plus le bord devient insaisissable. Des cormorans plongeurs sont juchés à la cime du cèdre rouge près de la baie, mais des balanes croissent sur ses racines qui ratissent l'eau. S'agit-il de terre ou de mer, et à quel moment en particulier de la journée ou de la nuit ? Comment devrais-je classifier mes enfants pataugeurs, tout en eau et en rire ? Et que dois-je penser de ces endroits entre marée haute et marée basse, ces pentes mi-île, mi-océan couvertes d'anémones et de limaces de mer – ces choses qui halètent, tressaillent ?

Je suis sans cesse confrontée au paradoxe d'une île : même une île n'est pas une île. Balayée par les tempêtes et détrempée par la pluie, si difficile à atteindre, si difficile à quitter, Pine Island est le symbole même de l'isolement et de l'exil. Mais n'importe quel géographe vous dira qu'une île n'est en fait qu'une protubérance à la surface du globe, la petite partie visible de la substance cachée qui relie tout sur terre. C'est un signe – beau, solide comme un roc, moucheté d'oiseaux – de la complétude d'être, des interdépendances complexes qui relient les gens et les lieux.

Nous, qui vivons dans un monde cartographié par la philosophie occidentale, vivons dans un monde d'îles. Alors que dans pratiquement toutes les autres cultures, des sages étudiaient les continuités qui lient en un Tout l'humain et la nature, le près et le loin, le sacré et le profane, les philosophes occidentaux étaient occupés à établir des distinctions.

Il est possible que les séparations datent des tout débuts de la philosophie occidentale, sur les marches en marbre de la Grèce antique. Peu d'entre nous lisent encore Démocrite et Leucippe, mais peu d'entre nous mettent en doute leur enseignement: que toute la réalité peut être réduite en de petites particules insécables, une substance mécanique que les humains peuvent mesurer, comprendre, manipuler, et au bout du compte contrôler. Mais les humains ne sont-ils qu'une substance mécanique? Pour résoudre ce problème, Protagoras démembra des êtres humains, séparant l'âme, qui n'est pas matérielle, du corps, qui l'est. Et parce que seuls les humains sont censés avoir une âme, Protagoras sépara en même temps les humains du reste de la nature.

Les divisions s'accrurent durant le siècle des Lumières en Europe. René Descartes séparait l'âme du corps, l'humain de l'animal, l'utilisateur de l'utilisé. Francis Bacon sépara la culture de la nature et transforma le savoir en un pouvoir dominant le monde naturel. Les économistes capitalistes transformèrent le monde naturel en marchandises. Emmanuel Kant insistait sur le fait que les devoirs moraux sont imposés par des principes abstraits, coupés de toute inclination naturelle ou d'amour. Thomas Hobbes et John Locke soutinrent que les humains sont essentiellement des individus, qui rivalisent entre eux pour leurs droits individuels. Même des auteurs naturalistes – Henry David Thoreau parmi les premiers – nous apprirent que c'est seulement en quittant la société et en marchant seuls dans la nature sauvage que les gens trouveront la force et la vérité.

Moi-même professeur de philosophie, j'ai lu ces livres dans mon propre département – séparé de celui de la biologie, qui se trouve de l'autre côté de la rue, et de celui de l'histoire, au troisième étage d'un bâtiment, à deux pâtés de maison.

Et pourtant, ma propre expérience est une affaire de liens. Ma vie est bénie par les îles : Pine Island, baignée par les marées, pas plus grande qu'un parking de supermarché. Un banc de gravier anonyme, le jaune des pavots, dans la Willamette River qui coule dans ma ville. Des sanctuaires d'oiseaux sur des rochers au large de la côte de l'Oregon. C'est là, surtout, sur ces îles, que je me sens appartenir le plus pleinement au monde naturel et que je suis le plus étroitement liée à ma famille, assise sur des pierres, les pieds dans l'eau, à regarder des mouettes virevolter au-dessus de harengs qui tournent et étincellent sous le soleil.

J'écoute le clapotement de la mer et le cri d'une corneille de rivage dans les cèdres qui commencent tout juste à bruire sous le souffle de l'après-midi. Les voix de ma fille et de mon fils me parviennent de loin, le grincement d'une rame, les à-coups d'un bateau – toute la douce musique d'une île à marée haute ou à marée basse. Quelle est la place des êtres humains dans l'harmonie du tout, et qu'est-ce que cela nous dit sur la façon dont nous devrions agir dans le monde ?

Dans ce livre, j'aimerais prendre la mesure de trois *insulae*, trois séparations inspirées des visions du monde occidental. La première prétend que les êtres humains sont séparés de la nature et lui sont supérieurs. Si nous comprenons à la place que les humains sont liés de façon homogène au monde naturel, qu'ils font partie de la même famille, alors nous pourrions agir avec plus de bienveillance envers la Terre et tous ses habitants.

La deuxième "île" est la séparation entre ce qui est proche dans le temps et l'espace et ce qui est éloigné, l'illusion que notre bien-être individuel peut être déconnecté du bien-être des systèmes biologiques et sociaux qui nous maintiennent en vie – l'air que nous respirons, l'eau que nous buvons, la terre que nous moissonnons, et les communautés locales et mondiales dans lesquelles nous vivons. Si nous comprenons à la place que nos vies sont reliées à la totalité de la bioculture, alors nous pourrions découvrir notre propre valeur intrinsèque, en reconnaissant que nous accordons une attention particulière à nos propres intérêts et à nos foyers, et que nous sommes également redevables à l'avenir, ainsi qu'au reste du monde.

La troisième est la séparation entre le profane et le sacré, l'idée que nous vivons dans un monde matériel ayant uniquement une valeur instrumentale, séparé du sacré, de l'intrinsèquement précieux, et qui existe sur un plan différent, si tant est qu'il existe. Si nous croyons à la place que le profane est sacré, alors au lieu de dévaloriser ce que nous avons et de rêver d'un ailleurs meilleur, nous pourrions être plus attentifs à ce qui est merveilleux sur cette terre, vivre dans la joie et la gratitude.

---

Les géographes établissent des cartes détaillées de la terre, à l'aide de photographies aériennes et de données provenant de satellites. Ces cartes sont des objets d'une grande beauté, avec des traits clairs et nets, des pixels et des à-plats de couleur. Puis les géographes se rendent sur les lieux qu'ils ont cartographiés, pour suivre les rivières et parcourir des transects à travers le pays. Leur travail consiste à vérifier l'exactitude des cartes sur le terrain, à établir un lien entre les motifs abstraits de la carte et la réalité du terrain – la sensation qu'elle laisse, les forêts et les villes, les estuaires et le bord brillant de l'eau.

Je veux vérifier sur le terrain l'éthique environnementale, enfiler des bottes en caoutchouc et suivre la marée descendante dans les estrans – écouter, poser des questions, fouiner, explorer là où les palourdes font jaillir des fontaines et où les enfants rient fort, me faire une idée de l'ensemble du paysage, essayer dans une faible mesure de comprendre qui je suis ici et maintenant, et ce que je devrais faire.

# UNE ÎLE SOUMISE AU RYTHME DES MARÉES

## L'HUMAIN/LA NATURE

## GÉOGRAPHIE

La côte Pacifique du Canada et du sud-est de l'Alaska est une chaîne de montagnes découpées par les glaciers en crêtes acérées et vallées ombragées. Il y a neuf millions d'années, la neige s'est accumulée sur les montagnes, elle s'est compressée en glace et a lentement glissé le long des versants, raclant le soubassement, creusant des canyons abrupts. À certains endroits, la rivière de glace s'est fendue, sculptant de hauts reliefs entre les vallées. Puis les glaciers ont fondu, laissant un amas de roches et un paysage de falaises spectaculaires, d'éboulements rocheux, de sommets pointus, d'arêtes et de vallées suspendues avec des chutes d'eau se déversant dans le lit des rivières.

À terme, toute la plate-forme continentale s'est affaissée, abaissant les montagnes côtières et les vallées sous le niveau de la mer. Comme l'eau salée envahissait les vallées, seuls les endroits les plus élevés du relief restèrent à sec. Tel est le paysage du pays des fjords, où les bras de mer de l'océan Pacifique pénètrent profondément dans les vallées entre les montagnes intérieures. De petites îles se regroupent à côté d'arêtes escarpées menant à des sommets enneigés ou descendant en falaises abruptes. Pine Island est l'extrême ouest de cet amas d'îles.

Quand on est à Pine Island, il n'est guère difficile de s'imaginer que l'on se trouve tout en haut d'une montagne, avec les vallées en contrebas envahies, non pas de sapins-ciguë et d'ours, mais de crabes des neiges et de vase, et d'étoiles de mer s'accrochant aux falaises drapées de varech.

## LA QUARTE AUGMENTÉE

La pluie tambourinait sur les écoutilles et rebondissait sur le pont, mais nous arrivions quand même à distinguer les hurlements d'un loup sur les falaises qui surplombaient la crique où nous avions jeté l'ancre. Il n'y avait qu'un seul loup, pourtant nous écoutions attentivement afin de nous en assurer. Le hurlement commençait doucement, s'élevait d'un bond, glissait sur l'eau et s'évanouissait. Rien ne répondait à l'appel du loup. Frank et moi tendions l'oreille, comme le loup avait dû tendre l'oreille, tandis que la question sondait les nuages et se diluait dans la forêt, dans les draperies de lichen et les rameaux retombant des sapins-ciguë.

Pour toute réponse, nous n'avions que le tambourinement de la pluie, qui finit par ruisseler le long de mes manches et tremper mes gants. Je rentrai mes mains dans mes manches, baissai la tête et arrondis le dos pour diriger l'eau vers le bas de mon ciré, puis sur le pont du bateau et par-dessus la poupe dans la mer. Le loup hurla à nouveau. Je m'agenouillai pour lever l'ancre de façon à nous rapprocher de la falaise.

Je connaissais la chanson que chantait le loup. Les deux premiers tons formaient une quarte augmentée, un intervalle dissonant, comme les deux premières notes de *Maria* dans *West Side Story*. C'est un intervalle de désir, d'espoir – le son de la nostalgie humaine.

Quand ma collègue, une pianiste de concert, m'expliqua ce qu'était la quarte augmentée, elle ramena ses deux mains devant elle, les paumes tournées vers le ciel, les doigts écartés, et elle souleva l'air. Les mots ne sont pas suffisants pour décrire cet intervalle, me dit-elle, c'est un son qui submerge l'âme, et elle allongea le haut de son corps vers l'avant. La quarte augmentée est un intervalle déchirant, une dissonance qui est si proche de la consonance, se hausse très près d'elle mais n'atteint jamais la quinte parfaite qui se trouve presque à sa portée.

Elle se pencha sur le clavier et joua deux notes : *do* et *fa* dièse. Puis elle inonda la pièce d'une musique faite d'intervalles incomplets, d'harmonies menant vers la résolution mais ne parvenant jamais à un lieu de paix. Tony, tendant la main vers Maria. Un chœur grec implorant les dieux d'avoir pitié de l'âme d'Oreste, cet homme qui a tué sa mère. Tristan, languissant après la voile blanche qui lui ramènera, poussée par le vent, son Isolde bien-aimée. Et Robert Schumann, ce pauvre Schumann transi d'amour, languissant après Clara. *Languir* : ce mot ancien, s'enfonçant tout droit dans l'histoire depuis les débuts du langage lui-même, un mot aussi vieux que *foyer* ou *terre*. Personne dans l'Europe chrétienne du Moyen-Âge ne chantait la quarte augmentée, me dit ma collègue. C'était le *diabolus in musica*, l'accord du diable – si puissant qu'il pouvait attraper un paroissien, le forcer à s'agenouiller et le traîner sur les pavés qui lui écorchaient la peau, droit vers l'enfer. Et j'étais là, sur cette île sauvage balayée par les marées, à genoux moi aussi, essayant de comprendre l'attraction de ces deux mêmes notes.

Je m'assis sur les talons et tendis l'oreille pour entendre à nouveau le loup, mais la pluie triompha de moi. Il devait y avoir trois gros orages empilés au-dessus de nous : une grisaille dans l'air qui mouillait toutes les surfaces, même sous la voûte des arbres, trempant nos cheveux mais ridant à peine l'eau. Un nuage surchargé de pluie qui tombait comme du sable d'une pelle. Et un nuage d'une lourdeur insupportable contenant la pluie jusqu'à ce qu'elle s'échappe en énormes gouttes zébrant la surface de l'eau.

Tout en écoutant attentivement, nous ramenâmes nos leurres pour pêcher le sébaste avant de laisser le bateau dériver au milieu des petites îles, jusqu'à ce que le crépuscule se transforme enfin en obscurité. Frank démarra alors le moteur et se dirigea lentement vers Pine Island où nous avions établi notre campement.


Il n'y a pas de nuit plus noire sur une île qu'une nuit par temps de pluie. Frank promena le faisceau de sa lampe torche de part et d'autre de la crique pour s'assurer que le bateau restait toujours à l'ancre. Je m'assis sur un seau retourné, sous une bâche fixée entre les sapins-ciguë. Sous mes bottes, le sol était souple, une épaisse couche de mousse sur un siècle d'aiguilles de sapins. La pluie qui tombait à verse s'accumulait dans un coin de la bâche, lequel ployait de plus en plus jusqu'à ce qu'il cède, précipitant l'eau vers le sol. La bâche se tendit de nouveau, projetant des gouttelettes qui grésillèrent sur la lanterne et mouillèrent mes joues. Je rapprochai mon seau du centre de la bâche. Mais même ainsi, à l'abri, il était difficile d'échapper à la pluie. L'eau rebondissait des tiges des myrtilles arbustives et des salals, gouttait de chaque bout de corde qui traînait, s'écoulait en ruisseau le long des racines des arbres. Penchée en avant, les avant-bras reposant sur les genoux, je bus du whiskey, fortement rationné.

Ailleurs, des gens riaient dans des maisons bien éclairées qui sentaient les livres et le café. Ailleurs, des familles s'asseyaient pour dîner, et des pêcheurs se hâtaient de ramener leurs bateaux au port, hélant des amis tandis qu'ils hissaient leurs sacs sur leurs épaules et rentraient chez eux. Mais nous étions seuls ici, et il n'y avait pas la moindre lumière à quatre-vingts kilomètres à la ronde. Ce soir, juste notre petite famille, et dans le faisceau de ma torche, une étroite bande d'île disparaissant rapidement sous la marée montante.

Un puissant cri plaintif et mélancolique. Je me levai, cherchai mes jumelles, mais bien sûr, il était impossible de voir dans pareille obscurité. Le cri se fit de nouveau entendre – une courbe musicale sur trois tons. Je m'éloignai de la bâche, tête baissée, et avançai à l'aveuglette jusqu'au bord de l'île, et l'appel retentit une fois de plus. Je reconnus le cri plaintif d'un plongeon huard. Il s'était peut-être réveillé en pleine nuit pour découvrir qu'il était brusquement seul, ou que dans la tempête, il avait perdu de vue sa compagne. Il appela à nouveau avec une insistance frénétique ; dans un premier temps, deux tons soutenus, le second plus aigu et plus long – deux intervalles hésitants en cette nuit de pluie après tant de journées pluvieuses. Puis il ajouta un autre intervalle, encore plus aigu et plus long. C'était le son sauvage et déchirant de la quarte augmentée.

Je sortis brusquement la tête de ma capuche et me tournai en direction de l'appel. Le plongeon huard vola vers moi, puis vira soudain, et le cri s'évanouit lentement. J'allongeai le haut de mon corps vers l'avant, essayant de toutes mes forces d'entendre une réponse. Mais seul le bruit de l'eau sur l'eau et du clapotement de la marée sur les rochers me parvint.

Alors que j'aurais dû éprouver un sentiment de solitude proche du désespoir, là, en cette nuit, sous la pluie, à mille cinq cents kilomètres de chez moi, je ressentis une joie singulière. De quoi pouvais-je me languir, quand j'avais tout à coup tout ce que je souhaitais – faire pleinement partie de la nuit, être reliée au plongeon huard, au loup, à la mélopée funèbre de toute l'humanité par un chant, un simple chant partagé, nous tous réunis en cette nuit infinie, nous tous flottant dans cette même obscurité, chacun de nous, tandis que nous hurlons notre solitude, en découvrant que nous ne sommes pas seuls finalement.

## TRAQUER LES PHOQUES

Nous nous réveillâmes sous un épais brouillard blanc, exactement ce dont j'avais besoin. Depuis notre arrivée sur l'île, nous avions observé des phoques communs. Ou peut-être est-il plus juste de dire que c'étaient eux qui nous observaient. Ils se tenaient à la limite de notre champ de vision et regardaient du côté de nos tentes. Avec des jumelles, nous arrivions à distinguer leurs petites têtes rondes et leurs gros yeux de bébé qui émergeaient de l'eau. Et quand nous ne pouvions pas les voir, la nuit ou lorsque des nuages descendaient sur les cèdres, nous les entendions au loin. Un phoque commun grogne comme un ours, surtout si vos oreilles sont à l'écoute des ours et que les ours sont énormes et nombreux. Un phoque grogne comme un estomac aussi, quand vous avez limité votre régime alimentaire aux pâtes selon le principe douteux qu'une nourriture qui ne vous tente pas, quelle qu'elle soit, ne tentera pas non plus les ours. Nous nous assîmes sur des rochers, à la proue de l'île, essayant de localiser les grognements, scrutant la mer avec des jumelles, puis jetant des coups d'œil derrière nous au moindre mouvement dans les fourrés. Nous ne pûmes nous empêcher de rire de nous-mêmes en constatant que nous ne faisions pas la différence entre un phoque commun, un ours brun et notre propre faim. Mais lorsque nous dirigeâmes nos jumelles vers les phoques, on eût dit qu'ils sentaient la chaleur de notre regard, et quand celui-ci se fit plus insistant, ils disparurent.

Jour après jour, nous les observâmes de loin. Ils s'installaient sur un empilement rocheux, deux îles plus bas dans le chenal. À marée haute, les rochers n'étaient plus visibles et les phoques sautaient et plongeaient dans l'eau, faisant des bulles et poussant des grognements. Mais à marée basse, la nuit surtout, ils s'entassaient sur les rochers, dessinant des courbes grises et rigides – soupirant et bougonnant et grondant, ou quand quelque chose les dérangeait, criant comme des mouettes dans une décharge.

Je tentai à plusieurs reprises de m'approcher d'eux en kayak, mais chaque fois, ils sentaient que j'arrivais. Une sentinelle donnait toujours l'alarme, et ils arrondissaient le dos, paniqués, en rampant jusqu'au bord du rocher, puis se soulevaient pour rejoindre la mer et s'évanouissaient dans la nuit. Je venais en amie, mais comment exprimer ses intentions à un phoque ? Je songeai par la suite que j'aurais dû laisser quelque offrande sur l'île – des têtes de poisson argentées, de scintillants colliers bleus de viscères et des bracelets de branchies duveteuses. Mais je n'y pensai pas alors.

Après avoir essayé pendant plusieurs jours, m'approcher d'eux devint une obsession. J'étais vexée qu'ils se méfient de mes efforts pour devenir leur amie. Peut-être avaient-ils des raisons de ne pas faire confiance aux humains, sauf que je ne cherchais qu'à m'approcher – qu'à sentir leur souffle, écouter leur estomac gronder et laisser mes doigts traîner dans la nappe d'huile de poisson tout autour de l'île, ou regarder leurs bouches s'ouvrir et se fermer pendant qu'ils rêvaient. Je m'imaginais glissant sur des balanes rocailleuses, tirer derrière moi des jambes brusquement inutiles, et poser la tête sur le doux flanc d'un phoque endormi. Mais lorsque j'approchais des rochers, ils crachaient dans ma direction et s'enfuyaient.

Ça fait mal au cœur, franchement, d'être rejetée à ce point. Je n'ai jamais compris pourquoi un Dieu créateur se donnerait autant de peine pour séparer une chose d'une autre – la lumière des ténèbres, les eaux qui sont sous le firmament des eaux qui sont au-dessus, les mers de la terre ferme, et pire que tout, les humains des poissons de la mer et des oiseaux du ciel et de toutes les créatures qui se traînent à terre. Personnellement, j'aime les choses magiques, mélangées, saturées de Dieu, ces choses qui ont d'une façon ou d'une autre échappé aux Grandes Séparations – le crépuscule et le brouillard, les marécages et les bancs de boue, l'aube, et les mésanges à tête noire qui mangent dans ma main.

Je pense que la raison pour laquelle nous allons à Pine Island tous les étés – Frank et moi et nos grands enfants, lorsqu'ils arrivent à se libérer –, c'est pour laisser derrière nous la routine et la fierté tout comme les présupposés qui nous séparent du monde naturel. Nous nous perdons dans la verdure rampante du lieu, l'attraction des marées et l'éclaboussement du soleil, les soupirs des phoques et la succion des étoiles de mer, et nous vivons pour un temps parmi l'oublieuse multitude d'autres créatures. Je l'admets, ce n'est pas toujours un endroit facile. La nature sauvage est synonyme de pluies battantes et de moustiques, de roches glissantes et de balanes qui peuvent entailler la coque des bateaux. Le fait est que l'on s'y sent souvent seul. Mais à la fin de l'année scolaire, je suis avide de cela. Je prends mes affaires et répare les bateaux avec le même sentiment d'urgence que celui que j'éprouve quand je vais rendre visite à mes enfants. Mais je vis pendant si longtemps loin de la nature sauvage que j'ai toujours l'impression d'arriver là comme une intruse – si je me sens apparentée aux ours bruns, alors je suis une tante forte en gueule, aux jambes comme des poteaux, qui débarque avec tous ses bagages sans avoir été invitée. Et à l'image de cette tante, j'étais décidée à m'approcher de ces phoques communs.

Puisque l'assaut direct s'annonçait peu concluant, j'essayai d'être créative. Je mis ma casquette de base-ball à l'envers, dans l'espoir que les phoques pensent que je m'éloignais. Ils n'en firent rien. Je m'assis dans mon kayak, orientai la proue à l'opposé de l'île et pagayai en marche arrière vers eux. Évidemment, ils plongèrent et disparurent.

Mais ce matin-là, toute la baie était dissimulée par une nappe de blancheur. Aucune chance pour que les phoques me voient ; je ne distinguais même pas l'avant de mon kayak, à 1,20 mètre de moi. Il n'y avait pas le moindre souffle de vent pour porter la terrifiante odeur métallique de l'être humain. Si j'étais aussi silencieuse que l'eau, juste un bruissement, ils ne m'entendraient pas approcher. Je flotterais avec la marée descendante – une laisse de varech, une boîte pour vers en polystyrène – jusqu'à frôler l'île où s'entassaient des phoques endormis.

Doucement dans l'eau. Doucement dans la brume portée par le souffle des marées. Je pivotai sans bruit dans le courant, ma pagaie rangée. Des brins de varech flottaient à côté de moi. Le soleil se leva sur les îles, une lentille de lumière vive dans l'air vif. Je ne pouvais pas savoir avec certitude si je bougeais ; toute la baie s'inclinait peu à peu vers la mer, et je filais avec l'eau lisse comme du verre sur le glissement de la marée. Pendant une éternité, il n'y eut pas un bruit. Puis j'entendis l'eau zézayer contre l'île. Une odeur comme celle du poisson en décomposition se répandit à travers la brume. Au bout de quelques minutes, je vis une nappe d'huile sur l'eau. Je me rapprochai. J'entendis le reniflement mouillé, palpitant, d'un phoque.

Puis, tout droit sorties de l'eau – deux énormes têtes rondes avec des yeux globuleux, cerclés de blanc. Les phoques vinrent vers moi si rapidement que je saisis ma pagaie, ramai en arrière aussi vite que possible, puis donnai un grand coup et virai pour me sauver. Je les entendais se propulser derrière moi. Je pagayai sans relâche, me rappelant comme un phoque peut être gros, comme il peut facilement retourner un kayak, avec quelle violence il déchiquette un saumon, et je tirai de toutes mes forces sur mes pagaies pour atteindre une petite île qui me dissimulerait.

Je finis par passer le promontoire et me trouvai au milieu de rochers dans des eaux peu profondes.

Mes épaules m'élançaient et j'avais du mal à reprendre mon souffle. La brume s'était dissipée dans les nuages bas. La baie brillait, aussi argentée qu'une pièce de cinq cents, et aussi plate, à l'exception de mon propre sillage qui me suivait de près. Le monde était complètement silencieux. Petit à petit, ma respiration reprit un rythme normal et la marée commença à baisser, s'installant dans un calme lumineux, le varech se déployant à présent dans toutes les directions, de longs brins flottants. Je m'appuyai contre le pont.

C'est à ce moment-là que j'entendis respirer bruyamment derrière moi. Je fis pivoter le kayak, mais il n'y avait rien, puis j'entendis encore une fois la respiration derrière moi. À nouveau, je pivotai. Rien. Je gagnai le large en vitesse, me glissai dans la baie, et tirai le kayak sur la plage de gravier où nous campions.

Je me suis vraiment approchée des phoques cet été-là, mais par le plus pur des hasards, et je ne me suis pas tant approchée d'eux qu'ils se sont approchés de moi. Je voguais sur une mer étale à l'arrière de l'île parce que je voulais être seule, et je pleurais. Inutile de s'attarder trop longtemps là-dessus. Si vous avez passé des semaines sous une pluie constante avec des nuages qui font paraître les sapins-ciguë noirs, ou si la pluie finit par cesser et que, devant ce cadeau d'un soleil pâle et délavé, ou bien sans raison, vous avez les larmes aux yeux: parfois quand on est loin de chez soi, on pleure, c'est tout. Et c'est ce que je faisais. Assise dans mon kayak sans bouger, les yeux fermés, reniflant et laissant l'humidité des algues intertidales gorgées d'eau pénétrer ma propre misère. Au bout d'un moment, j'en eus assez. Lorsque je levai les yeux, je découvris que j'étais cernée par des phoques. De gros phoques, de petits phoques, tous guettant en silence, l'eau perlant de leurs narines noires, leurs têtes rondes si proches qu'ils auraient pu imprimer la marque de leurs nez dans les gouttes de rosée qui recouvraient la coque de mon embarcation.

Sans s'approcher, sans fuir, ils étaient ballottés par la houle, comme je l'étais moi-même, les doux bruits de nos respirations un langage que nous partagions. Qu'est-ce qui pourrait nous faire croire que, nous, les êtres humains, sommes radicalement différents des autres habitants du monde naturel ? Ou, si ce n'est différents, quelle conclusion hâtive ou quelle arrogance pourrait nous amener à penser que nous sommes supérieurs ? Et même si nous étions supérieurs, quel droit cela pourrait-il nous accorder pour dominer le monde, faire ce que nous voulons avec lui ? Ce jour-là, il y avait quelque chose d'authentique, de positif dans le fait de flotter avec les phoques à marée montante, et de se regarder mutuellement sans hésiter avec nos yeux humides et rouges.

CE QUE SIGNIFIE AIMER UN ENDROIT

*Ethel* n'est pas le vrai nom de notre gros bateau. C'est un surnom, un acronyme pour traduire par quel Enfer et quels Tourments Harassants on passe pour L'Équiper. Frank proteste vigoureusement. Ça porte malheur de renommer un bateau, ne cesse-t-il de dire, et par ailleurs, *Ethel* n'est pas un véritable acronyme ; on ne peut pas juste retirer n'importe quelle lettre de n'importe quel mot qui semble approprié et les mettre ensemble parce que ça nous arrange. Notre fille Erin dit qu'*Ethel* crée un très mauvais karma. Montrer autre chose qu'un respect absolu envers un bateau lui fait froid dans le dos, et évoquer le malheur que l'on redoute, dit-elle, fera qu'il s'abattra sur soi. Peut-être a-t-elle raison : si nous voulons rebaptiser notre bateau, nous devrions être prudents et lui donner un nom qui porte chance, comme *Grâce*. Ou *Arrivés à bon port*.

Mais *Ethel* est le nom qui lui est resté, qu'il porte chance ou pas, comme n'importe quel surnom. Et *Ethel* a cent fois mérité son nom. Pendant l'hiver, des écureuils ont construit un nid dans l'installation électrique, nous obligeant à rebrancher les commandes entre le tableau de bord et le moteur. La jauge d'essence du réservoir arrière indique toujours un tiers, même quand il n'y a plus qu'un arc-en-ciel huileux au fond du réservoir. On ne peut compter sur le radar qu'en plein soleil et par temps dégagé. Nous faisions confiance au GPS jusqu'à l'année où il nous fit passer du point A au point B sur une trajectoire en ligne droite qui traversait une île. Si nous avions suivi cette trajectoire, nous aurions creusé une trouée à travers une plage, gravi une montagne, et volé au-dessus d'une forêt de sapins-ciguë pour atterrir dans une baie encombrée de rondins de bois en décomposition.

Je reconnais au bateau quelques vertus. Avec ses 6,70 mètres de long et un moteur tonnant de 200 CV, il est suffisamment rapide pour que nous venions à bout des passages les plus terrifiants, les traversées en haute mer avant que le temps change. Il est suffisamment gros pour nous transporter avec tout notre attirail, dont de modestes embarcations ; mais il est suffisamment petit pour être remorqué de la maison au port – si ça ne nous dérange pas que sur les pires bosses de la route, la remorque en rebondissant soulève la voiture et la repose orientée dans des directions imprévisibles.

— Il nous conduit où nous voulons aller, dit Frank, en prenant la défense d'*Ethel*.

— Jusqu'à présent, lui fais-je remarquer.

Mais je tiens à dire ceci : quand nous atteignons sans encombre les eaux sombres et calmes de Pine Island – imaginons que ce soit le soir et que la traversée ait été déplorable et venteuse –, j'adore l'immense vasque de silence que le moteur vrombissant crée lorsqu'il cliquette, tressaute et se tait. J'adore la façon dont le bateau cède sous mon poids quand je me déplace sur le pont, comme s'il était lui-même l'eau, et l'odeur des vapeurs d'essence se mêlant à celle des sapins-ciguë et du vent salé. J'adore sa manière de se tenir à l'ancre quand la marée monte, soulevant une petite vague d'étrave et faisant s'amonceler le varech contre les lignes d'ancrage ; je me sens tellement en sécurité, arrimée par de solides cordes. Je peux marcher sur le beaupré comme s'il s'agissait d'un plongeoir et quand je baisse les yeux, je vois l'océan sous mes bottes en caoutchouc, et un amas de méduses transparentes par tribord avant.

Dans cette baie, le marnage atteint en moyenne quatre mètres cinquante deux fois par jour. À marée basse, l'île n'est qu'arbres et fougères entassés sur un bastion rocheux. Entre la forêt et la mer s'étend un long et très escarpé fatras de rochers qui arrivent à la taille et que les anémones de mer rendent glissants. Aussi déchargeons-nous *Ethel* à marée haute, quand nous pouvons guider la proue dans les herbes juste en dessous de notre campement. Puis nous mouillons au large, loin des rochers, où le bateau chevauche en toute sécurité les vagues des marées montantes et descendantes.

Pour rejoindre l'île, nous lançons deux petites embarcations par-dessus bord, à l'arrière d'*Ethel* – *Professeur Plum*, mon tout petit kayak pourpre, et le *Valdez*, un bateau en fibre de verre bleu de la taille et de la forme d'un lit une place. J'appelle ce bateau le *Valdez* parce que c'est un désastre en puissance\*. Le gros problème, c'est comment amarrer le *Valdez* et le *Professeur*. Sur une île avec une amplitude de marée de quatre mètre cinquante, on ne peut pas se contenter d'attacher un petit bateau à un arbre et s'imaginer qu'on va s'éloigner à la rame le lendemain matin, parce que le lendemain matin, le bateau sera couché de travers sur un éboulis de roches, à une bonne distance de l'eau, sur un terrain glissant. Si vous accostez à marée basse et enroulez l'aussière autour d'un rocher, la marée montante fera couler votre bateau ou bien défera votre cordage, selon votre habileté à faire des nœuds, amenant le bateau tout au bout de la baie.

Pour résoudre ce problème, nous tendons une boucle de cordage à des poulies de l'autre côté d'une petite baie en retrait de l'île et attachons les amarres du bateau au cordage. Lorsque nous avons besoin d'un bateau, nous marchons jusqu'au bord de l'eau et tirons le cordage vers nous, une main après l'autre, comme s'il s'agissait du fil à linge d'un immeuble.

J'adore ça, le petit matin sous une épaisse brume, quand je ne vois rien de plus qu'une fine couche argentée sur l'eau – pas d'arbres, pas d'île, pas de bateaux. Je descends des rochers mouillés jusqu'à la lisière de la baie et hisse le cordage. Les poulies grincent et j'entends les bateaux se cogner l'un contre l'autre et heurter les rochers. Au bout d'un moment, la proue du petit kayak pourpre perce la brume, toute scintillante de rosée. Je le tire sur le rivage, décroche le cordage, m'assois dans l'inévitable flaque d'eau sur le

---

\* Le terminal pétrolier de Valdez, en Alaska, a donné son nom à l'*Exxon Valdez*, dont le naufrage en 1989 provoqua une grande marée noire. (Toutes les notes sont de la traductrice.)

siège, pagaie doucement et disparais dans la brume. Ceux que j'aime doivent être bien au chaud, dans leurs sacs de couchage, guettant le clapotement de ma pagaie dans l'eau, mais tout ce qu'ils entendront, ce sont les plongeons à gorge rouge poussant des cris comme des coyotes au loin dans la blancheur, et un corbeau marmonnant pour lui-même. J'adore ça.

En fait, malgré son climat hostile et ses algues indifférentes, l'île est un lieu auquel tous les membres de ma famille sont profondément attachés, un lieu où nous nous étreignons, venant de très loin pour nous réjouir de la chance d'être ensemble sous la pluie. J'essaie de comprendre l'étrangeté de cette attirance. Mais toujours est-il que lorsque je me remémore des images de chacun de nos séjours sur l'île, ce sont – la plupart du temps – des images d'amour. Enfin, de pluie. Mais d'amour aussi.


En ciré jaune et cuissardes, notre fils, Jonathan, et Anne, qui deviendrait bientôt notre belle-fille, se tenaient au bord de la baie de Dead Bear, de l'eau jusqu'aux genoux. Il faisait un temps affreux, même selon les normes de l'Alaska du sud-est – une pluie battante, un plafond gris de nuages, et une brume qui se déchirait en lambeaux au-dessus de l'eau. Mais ni Jonathan ni Anne ne semblait se soucier du mauvais temps, peut-être parce que des bancs compacts de saumons grouillaient à l'embouchure de la rivière, attendant la marée haute. Erin et moi étions assises sous le taud d'*Ethel*, amarré dans la baie, bien contentes d'être à l'abri. Il y avait tellement de saumons, et ils faisaient de tels bonds, que de notre poste d'observation, on aurait dit qu'un jongleur caché sous l'eau lançait des poissons en l'air. Anne s'arc-bouta brusquement contre la traction d'un saumon, le visage encapuchonné de jaune, les épaules laquées de jaune, les bottes enfoncées dans le gravier bordant la crique.

Jon s'extirpa de l'eau et alla la rejoindre, se baissant juste de temps en temps pour l'aider à lever le bout de sa canne à pêche. Le poisson sauta majestueusement hors de l'eau et les épaules jaunes tressaillirent. Anne rembobina rapidement, courbée au-dessus de sa canne, et Jon resta à ses côtés jusqu'à ce que le poisson soit presque à ses pieds, arquant son corps dans de grands éclaboussements. Ce n'est qu'à ce moment-là que Jon se pencha et attrapa le poisson à deux mains, l'une tenant le ventre rebondi du saumon, l'autre entourant la partie rétrécie à l'avant de sa queue. Puis il le serra contre sa poitrine, fièrement et tendrement, comme si le saumon était un bébé dans un pyjama argenté.

Jon porta le poisson au *Valdez*, échoué sur le gravier. Mais la marée commençait à monter et le *Valdez* à flotter. Jonathan attrapa le nœud de chaise et poussa le bateau dans l'eau. Anne monta à bord, essuyant la pluie du siège. Quand je regardai de nouveau dans leur direction, Anne était assise dans la petite barge en train de lire. La pluie s'abattait sur son dos et gouttait de sa capuche. Elle avait ouvert son livre dans un sac Ziploc transparent et retirait régulièrement une de ses mitaines pour fourrer sa main dans le sac et tourner la page. Debout dans l'eau, Jonathan lançait sa ligne au cœur d'un banc de saumons. Comme la marée montait vite, il avait attaché le nœud de chaise du bateau à sa ceinture pour empêcher qu'Anne et son saumon argenté ne soient entraînés au large.

Ce soir-là, de retour au campement, Frank plongea les filets d'un rose brillant dans de l'huile de sésame et les déposa dans un poêlon brûlant. L'espace d'un instant, le bruit de l'huile qui grésillait couvrit celui de la pluie sur la bâche. Après quelques minutes – pas trop longues – Frank fit glisser les filets dans des assiettes. Ce soir-là, Anne mangea le saumon qu'elle avait attrapé de ses propres mains, et je me souviens comme nous espérions tous ardemment qu'elle aime le goût du poisson, la pluie et les espaces sauvages.


Sur l'île, nous sommes toujours en train de faire des nœuds. Des nœuds pour attacher les bateaux à des lignes d'ancrage fixes, des nœuds pour attacher des bidons d'essence à l'intérieur du bateau, des nœuds pour attacher une corde aux arbres afin de suspendre des bâches ou des poêles ou des seaux d'eau, un nœud pour attacher une corde à un casier à crabes. Un nœud pour attacher la tête d'un poisson dans un filet à crevettes, le fil de fer passant à travers son orbite – une opération assez horrible, les lames branchiales étant suffisamment affilées pour qu'on se coupe la main, et l'œil nous fixant pendant toute l'opération.

Frank adore les nœuds. Ses nœuds sont tous propres et serrés, ses cordes bien enroulées. À la maison, il consulte un site Internet sur les nœuds qui montre des cordes s'enroulant lentement en boucles gracieuses et se ceignant d'elles-mêmes en nœuds complexes. Le bout libre se redresse tout seul, s'immobilise comme pour jeter un regard circulaire, puis s'enfonce délibérément dans les boucles.

Durant une semaine avant notre départ pour l'île, Frank est allé au lit avec une corde. J'étais couchée, pelotonnée sous les couvertures, avec un livre, et Frank s'allongeait sur le dos, tenant en l'air une petite longueur de corde. À la lueur de sa lampe de lecture, il formait les enroulements, puis enfonçait le bout libre dans les boucles, délicatement. Quand la corde était parfaitement imbriquée, il tirait lentement sur les deux bouts et serrait le nœud. "Voilà, dit-il un soir en me réveillant de cette contrée à mi-chemin entre la lecture et le sommeil, je t'ai fait un poing de singe", et il me tendit une solide boule en corde avec un motif compliqué à la surface, comme un panier tissé.


Il y a une grotte secrète au bout de la crique, accessible uniquement deux fois par jour, à l'étale de marée haute. C'est la période durant laquelle la marée cesse de monter et où nous pouvons faire passer un bateau dans l'étroit chenal menant à la grotte. Lorsque la marée monte, le courant crée une dangereuse cascade qui se déplace, un mascaret. Mais cela vaut le coup d'attendre l'étale de la marée. Des ours patrouillent souvent sur le sable dans la grotte secrète ; on y voit aussi des oies inquiètes, et le site d'un ancien village indigène. Des montagnes creusées par les glaciers se dressent au-dessus de la plage. Nous gardons toujours à l'esprit que si nous évaluons mal les marées, nous resterons bloqués dans la grotte avec l'obscurité se levant derrière nous, et nous serons ballottés dans l'eau la moitié de la nuit tandis que l'humidité se posera sur nos épaules et que quelque chose grognera dans les salals sur le rivage.

Un jour, Frank voulut aller dans la grotte pour voir s'il y avait des bancs de saumons à l'embouchure de la rivière. Impatient, il se trompa sur l'heure de la marée. Les cascades n'étaient pas visibles, mais la marée continuait de monter ; l'eau tourbillonnait en spirales et courants violents, et se soulevait en ondes stationnaires là où la marée entrait en collision avec l'eau de la grotte. Comme le chenal n'était pas assez profond pour le gros bateau, nous nous entassâmes dans le *Valdez*, cinq personnes chevauchant un lit, Frank à la poupe, la main sur la barre du moteur hors-bord. Il décida que nous franchirions le goulet, et que nous le franchirions en marche arrière.

À moins d'aller plus vite que le courant, ou moins vite, on ne peut pas contrôler la direction d'un bateau dans des eaux tumultueuses. On peut orienter la proue dans la direction du courant et mettre les gaz, mais c'est dangereux parce qu'on va trop vite pour éviter les rochers ou faire les ajustements nécessaires en cas de courant périlleux. Aussi fait-on ce que Frank décida de faire. On place le bateau dans le courant et on le remonte tant bien que mal, mais lentement, plus lentement que le courant lui-même, de façon à reculer doucement vers l'endroit où on veut aller.

Alors que ses passagers s'accrochaient aux plats-bords du *Valdez* en poussant de petits cris désespérés, Frank remonta le courant en faisant brouter le moteur, répondant aux remous par de minuscules ajustements de la barre, tournant dans le flot de chaque tourbillon, tressaillant quand le courant venait frapper le bateau. Petit à petit, nous reculâmes et, portés par le mouvement de l'eau, nous franchîmes le goulet houleux.

Si loin au nord, l'obscurité vient progressivement et jamais de façon convaincante. Au crépuscule, de vilaines petites simulies sortent, se déplaçant sur nos fronts pour nous piquer à la jonction de nos chapeaux et de nos têtes. Pour les éviter, nous allons souvent nous coucher alors qu'il fait encore jour, et nous nous glissons dans d'épais sacs de couchage après avoir fermé la moustiquaire derrière nous. Résultat, nous voyons rarement les étoiles.

Mais une nuit de pluie de météores des Perséides, j'étais décidée à voir les étoiles. Frank ne croyait pas trop à ce projet, pourtant il mit son réveil à deux heures du matin. Lorsque sa sonnerie discordante nous réveilla, nous cherchâmes à tâtons des vêtements chauds et imperméables et sortîmes de la tente à quatre pattes. Nous n'allumâmes pas de lampe torche pour ne pas réduire notre vision nocturne. De toute façon, nous n'avions pas à aller très loin car la marée était haute et recouvrait le petit chemin accidenté, au milieu des rochers, qui descendait de notre campement.

Nous nous tînmes, Frank et moi, au bord de l'eau noire et levâmes les yeux. L'étoile Polaire était haute dans le ciel, plus haute que nous ne l'avions jamais vue. La constellation du Cygne, la grande Croix du Nord, avait migré vers le sud ; elle brillait dans un nuage de lumière d'étoiles au début d'un bras spiral de la galaxie. De petits météores fusaient dans l'obscurité – minuscules traces incandescentes qui disparaissaient dès que nous les découvrions. Lorsque je grimpai sur un rocher immergé, du plancton bioluminescent étincela sous mes pieds. Des piqûres de lumière bien nettes suivaient les ronds que mes bottes dessinaient sur l'eau. De minuscules explosions jaillissaient de mes bottes.

Je secouai le varech du rocher – un jet d'étincelles – puis levai mes mains en coupe. La lumière des étoiles inonda mes paumes et dégoulina d'entre mes doigts dans l'eau, où elle fusa avant de disparaître. Je lançai un jet d'étincelles dans la baie. Que pouvait-il y avoir de plus merveilleux ? Des étoiles au-dessus de nous, des étoiles en dessous, des étoiles explosant dans nos mains.

— On pourrait créer un univers de cette façon, dis-je, rien qu'en se tenant debout dans les profondeurs étoilées et en lançant la lumière dans le ciel nocturne.

— Bon sang, fit Frank en se frottant le front. Quelle plaie, ces insectes !

Je me tournai vers lui, aussi rapide qu'un faucon.

— Eh bien, va-t'en. Rentre à la tente. Laisse-moi ici.

Il y eut un long silence tandis que les étoiles filaient au hasard dans l'espace, et que les algues étincelaient contre nos bottes.

— Je ne peux pas, finit par répondre Frank. Parce que je t'aime, et si tu venais à glisser dans ces "profondeurs étoilées", je serais là pour t'aider à en sortir.

Nous rentrâmes à la tente en trébuchant dans le noir. J'avais avalé une simulie, et je toussai longtemps avant de m'endormir.

Le lendemain, nous fêtions notre trente-deuxième anniversaire de mariage. Je sortis un bateau pour localiser un cri doux et syncopé que nous avions entendu dans la brume, un cri qui faisait ga-ga-gouGA, ga-ga-gouGA – et pour penser à l'amour. Je voulais comprendre ce que cela signifiait d'aimer un endroit. Les nuages étaient posés directement sur l'eau, aussi ne voyais-je rien qu'une lumière blanche. Je m'efforçais d'avancer en silence afin de ne pas effrayer ce qui faisait ce bruit, quoi que ce fût, mais j'avais pris le mauvais bateau, le *Valdez* avec ses avirons qui branlaient et cliquetaient. Je les rentrai et laissai la marée m'entraîner dans un enchevêtrement de varech. J'avais les pieds coincés entre le bidon d'essence et l'ancre, mon carnet sur les genoux, et de petites douleurs qui papillonnaient dans mon dos comme des phalènes. L'île est un lieu de levage et de traction – sur un bateau, on hisse et on jette des ancres et des casiers à crabes et des seaux remplis de l'eau qui ruisselle, on hale soixante mètres de cordage mouillé et de pleines épuisettes de crevettes.

Dans la mer de Cortez, Jonathan a étudié l'écologie des îles. Il voulait savoir comment les îles changent la mer et comment la vie marine façonne le rivage, des souris grignotant les bars rejetés sur la grève, le guano des frégates nourrissant les algues qui verdissent autour de l'île. Il voulait comprendre tous les liens beaux et compliqués qui existent entre la terre et la mer et font que la vie prospère avec le temps, les modèles complexes d'interdépendance et de moyens de subsistance mutuels. C'est ce que je veux comprendre aussi – par quels procédés beaux et compliqués l'amour que l'on éprouve pour des gens se confond avec l'amour que l'on éprouve pour des lieux. L'écologie, pourrait-on dire, de la bienveillance.

J'ouvris mon carnet. Posons ces preuves que nous avons recueillies devant nous et laissons-les parler. L'amour a comme objet: une fille, un fils, une jeune femme qui aime le fils, le calme soudain, une certaine combinaison d'odeurs (sapins-ciguë, eau salée, vapeurs d'essence), la brume baignée de lumière, un kayak pourpre, une île prise dans le brouillard, une grotte secrète, et un homme capable de conduire un bateau en marche arrière dans un tourbillon. La liste est, bien entendu, incomplète. Ajoutez un saumon argenté. Ajoutez le soleil auquel on ne s'attend pas. Ajoutez le tourbillon.

J'essayais de comprendre la différence entre aimer une personne et aimer un endroit, mais je n'avançais guère. Mon fils *est* l'endroit, et chaque gravier du rivage, chaque flétan caché parle de lui. Faut-il s'étonner que j'aime les deux? Et comment distinguer ma fille de la pluie dans ses cheveux, cette jeune femme qui se tient toujours à la proue du bateau, là où le vent plaque son ciré contre son corps et éclabousse son visage d'eau de mer?

La brume s'était levée et je découvris que j'étais entourée de minuscules îles, avec sur chacune d'elles un arbre seulement. Leurs rivages étaient recouverts d'algues marines, jaunes sous le soleil soudain, et toutes avaient, après un monticule de roches grises et nues, un unique sapin-ciguë ployant sous les touffes de mousse et de lichen déchiqueté. Les îles flottaient sur leurs propres reflets – ils n'étaient pas parfaits, mais découpés en lignes horizontales, et se déplaçant très légèrement. Je lançai une corde par-dessus une branche et m'amarrai – je ne voulais pas dériver trop loin –, et les reflets devinrent alors des taches de couleur qui dansaient.

Je m'étirai le dos et commençai deux listes. Qu'est-ce que cela signifie d'aimer quelqu'un ? Qu'est-ce que cela signifie d'aimer un endroit ? Très vite, je m'aperçus que j'avais deux fois la même liste. Aimer – quelqu'un et un endroit – signifie au moins cela :

Un. Vouloir être près, physiquement.

Deux. Vouloir tout savoir de son histoire, de ses humeurs, à quoi il ressemble au clair de lune.

Trois. Se réjouir de son existence.

Quatre. Craindre sa perte, et s'affliger de ses blessures.

Cinq. Le protéger – farouchement, inconsidérément, vainement, et peut-être tragiquement, mais ne pas pouvoir faire autrement.

Six. Être transformé en sa présence – se sentir transporté, plus léger, transparent, ouvert à tout ce qui est beau et nouveau.

Sept. Vouloir le retrouver, le laisser nous emporter, nous submerger.

Huit. Vouloir le meilleur en ce qui le concerne.

Neuf. Désespérément.

L'amour est une ligne d'ancrage, un cordage sur une poulie, une soie tendue, une racine d'épicéa, un itinéraire sur une carte, un père apprenant à sa fille à faire un nœud de chaise, des zostères se courbant face à la marée, et tout cela – un réseau de liens, compliqué et changeant, pris ensemble. Ce n'est pas un choix, ni un rêve, ni un roman sentimental. C'est un fait : un fait empirique à propos de notre existence biologique. Nous naissons liés à des gens et des lieux. Nous naissons avec la capacité de créer de nouveaux liens et de les entretenir. Et nous naissons avec un désir puissant envers ces liens. Et cette interdépendance complexe nous nourrit et nous façonne et nous apporte de la joie et un but dans la vie.

Je savais qu'il manquait quelque chose d'important dans ma liste, mais j'avais du mal à le mettre en mots. Aimer, ce n'est pas seulement un état d'être, c'est une façon d'agir dans le monde. L'amour n'est pas une espèce de félicité, c'est une sorte de travail, parfois dur et éprouvant pour l'esprit. Aimer quelqu'un, c'est accepter la responsabilité d'agir avec amour envers cette personne, faire de ses besoins nos propres besoins. Aimer un lieu, c'est en prendre soin, le maintenir en bonne santé, répondre à ses besoins comme s'ils étaient les nôtres, parce qu'ils sont les nôtres. La responsabilité naît de l'amour. C'est la forme naturelle de la bienveillance.

Dix, écrivis-je dans mon carnet. Aimer quelqu'un ou aimer un lieu, c'est accepter d'être moralement responsable de son bien-être.

Je dirigeai le *Valdez* vers le campement, tirant sur ces stupides avirons qui cliquetaient et éparpillaient les reflets, imaginant les miens en train de se rassembler un à un pour explorer la baie maintenant que la marée baissait. Ils trébucheraient sur les rochers et s'interpelleraient: "Regarde, là, sous le varech, une étoile de mer pourpre."

## FEMME CÉLIBATAIRE TIMIDE
## ET AFFECTUEUSE

Frank se décrit comme un scientifique "dur". Il étudie les substances chimiques dans le cerveau – comment le désir fonctionne réellement dans les cellules, les petits mécanismes de déclenchement et de fermeture. Il m'écoute parler de ce que signifie aimer un endroit, mais il me répond que je ne peux pas simplement partir du principe que les gens aiment un endroit. Il me faut des données, dit-il. "Je suis philosophe, je lui rétorque. Les philosophes ne *font* pas dans les données." Mais il se trouve que j'ai mené une recherche, si l'on peut dire. Pendant plusieurs mois avant notre départ pour l'île, j'ai lu les petites annonces de rencontre dans les journaux du week-end. Le désir secret, codé, les FBC et les MP[*], et les CHERCHE quelque chose – ça m'intéressait. Jamais l'occasion ni même la tentation ne me serait venue de téléphoner à Cavalier solitaire, ou d'envoyer une photo à Gros

---

[*] Femme blanche célibataire et Message privé.

Nounours, ou de dire à Espèce en Danger que je suis moi-même une rareté, mais j'étais curieuse. Les petites annonces de rencontre sont une banque de données sur la nature humaine bien plus révélatrice que le Projet génome humain : cinquante personnes toutes les semaines expliquant qui elles sont et ce qu'elles cherchent, en vingt-cinq mots ou moins.

J'ai tenu le compte des petites annonces du *Corvallis Gazette-Times*, en pointant ce que les gens recherchaient. Les données révélèrent qu'il y a plus de gens qui préfèrent la nature à toute autre chose. La Femme célibataire typique, une maman de FORTE TAILLE & BELLE, âgée de trente et un ans, timide et honnête, aime la nature, le cinéma et se promener sur la plage (dans cet ordre). L'Homme célibataire type est en TRÈS BONNE SANTÉ et très sensible. Il aime la nature, l'amour et les tatouages (à nouveau, dans cet ordre). Au total, deux tiers des Femmes célibataires et des Hommes célibataires ont inscrit "la nature" en premier sur leurs listes – une victoire incontestable.

Après la nature, regarder un film arrivait en deuxième. La plage et camper étaient troisièmes ex aequo. La marche et la randonnée arrivaient en quatrième. Aller danser et sortir dîner venaient ensuite, suivis de l'amour. (Faisons une pause pour noter combien de temps cela a pris pour arriver à l'amour – sixième sur la liste, après tous les sports de plein air.) Après l'amour, il y avait une triple égalité entre les câlins, la pêche et la musique country (bien qu'aucune des personnes aimant les câlins n'aiment la pêche) ; les montagnes, la pénombre, le blues, les Harley, se tenir par la main, l'amitié et les vampires obtenaient chacun une voix. Ma recherche ne trouva pas de différences significatives entre les hommes et les femmes, excepté que trois femmes aimaient le sport, lequel ne présentait aucun intérêt pour les hommes. Bref, c'est comme ça. Les gens aiment la nature par-dessus tout, disent-ils, même plus que le sexe.

Frank accueillit ces données avec ce mélange d'étonnement et de chagrin que seul un scientifique peut exprimer. "Kathy, c'est de la *science au rabais*." Je le sais, mais ça ne signifie pas que ce n'est pas important. Je ne cherche pas à prétendre que tout le monde aime la nature ; je veux juste signaler que beaucoup de gens l'aiment, et faire remarquer que l'amour pour un lieu et l'amour pour une personne se mélangent magnifiquement et mystérieusement. Je connais une femme, qui, en marchant dans une ancienne forêt de cèdres, est tombée follement amoureuse – de la forêt et de l'homme qui portait son sandwich. Et j'ai vu des gens chercher toute leur vie ce qui les rendrait heureux et complets sans jamais penser à regarder devant leur porte – des gens perpétuellement en quête de quelque chose, ne sachant pas vraiment ce qu'ils cherchent, mais ne s'arrêtant jamais de chercher, sur Internet, dans des catalogues, au centre commercial.

Je ne sais pas si les hommes et les femmes qui mettent des petites annonces dans mon journal local pour rencontrer quelqu'un sont caractéristiques des gens en général. Du reste, je ne sais pas si les habitants de l'Oregon sont représentatifs des êtres humains. Et qui sait si les gens sont sincères; peut-être *disent*-ils qu'ils aiment la nature parce qu'ils pensent que cela attirera un type de personne en particulier. Je ne prétends pas que le lien entre aimer quelqu'un et aimer un lieu est simple. Mais je pense qu'il est significatif que – la plupart du temps – lorsque les gens ont l'occasion d'imaginer leurs vies non vécues, l'occasion de rêver qu'ils repartent de zéro, sans se tromper cette fois, la nature est le cadre de leurs rêves. Bob au Grand Cœur et Dentelle de Chantilly marchant main dans la main au bord de la mer: le cœur qui bat plus vite, le rythme des vagues, le cri des mouettes, le vent salé, triomphant.

En 1984, l'entomologiste E.O. Wilson, de l'université de Harvard, avança l'hypothèse de la biophilie, soutenant que les êtres humains éprouvent une attraction innée pour les organismes vivants. Cette attraction est logique du point de vue de l'évolution. "Dans une mesure encore sous-évaluée par la philosophie et la religion, écrivait-il, notre existence repose sur cette inclination, notre esprit en est tissé, l'espoir est porté par son courant." J'aime cette hypothèse. Elle explique beaucoup de choses: quand nous construisons un mur entre nous et le monde naturel et ses sources de réconfort et d'appartenance, n'éprouvons-nous pas une agitation autodestructrice, comme un papillon de nuit solitaire dans un bocal? Et l'hypothèse de Wilson *est* pleine d'espoir: si les humains aiment naturellement les organismes vivants de cette planète – tous les systèmes biotiques qui s'enfouissent, respirent, se reproduisent, les fondements de nos propres vies –, alors peut-être pourrons-nous trouver une manière de nous comporter vis-à-vis d'eux avec amour.

C'est pourquoi j'étais heureuse d'offrir à Frank des preuves compatibles avec l'hypothèse de la biophilie et de suggérer une dernière chose. Nous sommes attirés par la grande Terre verte – et par les algues roses, les poissons bleus, les nouveau-nés qui prennent leur première respiration, et les ventouses des têtards. Mais lisez soigneusement et littéralement les petites annonces de rencontre : CHERCHE RELATION SÉRIEUSE. Les gens qui mettent des petites annonces dans mon journal local ne sont pas uniquement en quête d'un partenaire, ils cherchent l'amour. Comme nous tous, ce qu'ils veulent, c'est une relation durable – avec les gens et avec la planète –, et ce qu'ils chérissent, c'est le lien, c'est être dans un rapport de bienveillance avec une personne ou un lieu. Nous sommes des créatures nées pour aimer. Ce n'est pas uniquement la biophilie qui nous stimule. C'est la philophilie – l'amour de l'amour lui-même.

## DES MOISISSURES
## DANS LE RÉFRIGÉRATEUR

Un jour que nous naviguions en kayak entre des îles, Jonathan et moi sommes tombés sur un rocher maculé de lichen orange vif. C'était du lichen foliacé orangé, un végétal friand d'azote. L'urine des animaux est riche en azote, aussi la présence de ce lichen nous indiqua-t-elle qu'un animal – une souris sylvestre peut-être – aimait se tenir précisément là. "Ça me fait penser à grand-père", dit Jonathan, et c'était exactement ce que je me disais. Jon escalada la paroi du rocher, à la recherche d'un terrier, tandis que je me laissais bercer dans le bateau, le flot de mes pensées presque entièrement tourné vers mon père. À peine ces lichens aperçus, il aurait fouillé dans son ciré pour prendre sa loupe et se serait couché à plat ventre pour les observer de plus près. Botaniste et professeur, il était fasciné par tous les organismes vivants, mais les agents de décomposition occupaient une place spéciale dans son cœur.

Mon père n'a pas eu l'occasion d'aller à Pine Island avant de mourir, ce que je regrette tous les jours. Sur l'île, il n'aurait pas su quoi étudier en premier – l'usnée barbue gouttant de chaque branche, la moisissure au bord d'un trou de pivert, les souches des cèdres en décomposition fleurissant en morelle noire, le salal, les fougères en épi, et le minuscule lichen encapuchonné de rouge qu'il appelait les "Soldats canadiens".

Il trouvait la moisissure du pain magnifique, avec ses innombrables nuances de vert et de bleu. Pendant toute mon enfance, des boîtes de Petri dans lesquelles il faisait croître des bactéries pour ses cours ou ses expériences étaient empilées au fond de notre réfrigérateur, à côté des restes de rôti à la cocotte. Je me souviens qu'il traça un jour nos initiales avec des bactéries, trempant un stylet dans une culture, puis le tirant soigneusement sur la gélose stérile d'une boîte de Petri. Au bout de quelques jours, il avait trois lits de gélose marqués du monogramme de ses trois filles – N, K et S. Cela nous fit nous sentir spéciales, nos initiales apparaissant lentement, juste quelques petits points au début, puis une ligne de taches marron éclatant en bulles peluchueses et nauséabondes, pour finalement s'étaler et disparaître sous une surface mouchetée et duveteuse.

Il se passionnait aussi pour les myxomycètes. Les myxomycètes constituent une curiosité – ce ne sont ni des plantes ni des animaux, mais une substance visqueuse plus primitive et assurément plus spectaculaire, rouge cerise ou jaune des cirés jaunes, qui pousse sur du bois en décomposition. Il laissait des myxomycètes sur une assiette, le soir, et le lendemain matin, ils avaient rampé sur le plan de travail de la cuisine, se dirigeant – qui sait où ? – vers la boîte de Cheerios ou la forêt sombre, avec ses talus de moisissure automnale, d'où ils venaient.

Peu importait qu'il fût en pleine nature, en ville ou à la cave en train d'enlever des toiles d'araignées, il trouvait toujours quelque miracle de la nature à apprécier. Un jour qu'il longeait un pré à la lisière de ma ville natale, il y a des années de cela, il remarqua que toutes les bouses de vache avaient développé une peau de moisissure au cours de la nuit. C'est comme si une centaine d'opossums s'étaient réunis dans le champ pour un cocktail au clair de lune, dit-il, et, ayant trop bu, avaient titubé et étaient tombés à terre – un champ d'opossums, à l'aube, cuvant leur vin.

Les petites choses attiraient toujours son attention, des choses que la plupart d'entre nous ne remarquaient pas. Il s'allongeait dans des fossés pendant des heures, photographiant une cigale sortant de terre, ou un bousier. Les voitures qui passaient s'arrêtaient dans un crissement de pneus et les occupants sortaient en se bousculant, persuadés d'avoir découvert un cadavre. Peu de temps après, tous étaient couchés à plat ventre, observant des coléoptères s'accouplant queue à queue, pendant que mes sœurs et moi attendions assises dans l'herbe, mortes de honte. Avec le temps, mon père accumula des boîtes et des boîtes de diapositives en couleur, toutes soigneusement identifiées par leurs noms latins. *Xanthoria elegans* – c'est le lichen friand d'azote.

Quand il fut beaucoup plus âgé et qu'il prit sa retraite de l'enseignement, il se mit à composer des diaporamas. Il optait pour un thème, sélectionnait les diapos, écrivait un script, puis montait minutieusement le spectacle entier sur une musique qu'il choisissait avec le plus grand soin. Il fit tourner ses diaporamas, les présentant dans des résidences pour retraités, des écoles et à des groupes d'études bibliques.

À sa mort, les diaporamas montèrent dans mon grenier dans des boîtes empilées sur un mètre cinquante de hauteur et rigoureusement étiquetées. À l'intérieur de chacune d'elles se trouvaient un plateau circulaire contenant les diapositives, un script et une cassette audio avec la voix de mon père parlant par-dessus la musique qu'il avait choisie. Pendant des années, je n'eus pas le courage de les écouter. Mais un jour, je rencontrai par hasard une femme qui avait été une de ses amies. "Il avait une si jolie voix, me dit-elle. J'adorais l'écouter parler." Après ça, la voix de mon père me manqua plus que tout au monde. Aussi, descendis-je les boîtes du grenier, puis je branchai son vieux projecteur et un magnétophone, et m'assis pour écouter.

Il faisait suffisamment sombre ce jour-là pour visionner des diapositives en couleur, même avec les rideaux ouverts. Une tempête de novembre soufflait des rafales de pluie comme des pierres contre la fenêtre, et secouait les branches d'un sapin de Douglas, projetant à terre des pommes de pin vertes. Je plaçai le projecteur face au mur blanc et glissai une cassette dans le magnétophone.

Le premier diaporama montrait son Oregon – Erin à trois ans, assise dans une flaque d'eau, un magnifique panorama de Crater Lake. "L'explosion à l'origine de Crater Lake a propulsé des blocs de roche de la taille d'un piano à queue jusqu'au Canada." Puis je regardai une série de photos intitulée "Vie de famille de la tourterelle triste." Elles présentaient une famille de tourterelles tristes élevant ses bébés sur l'air de la Sixième Symphonie de Beethoven, la main droite de l'orgue joyeuse. Mon père avait pris toutes ces photos dans un miroir incliné au-dessus du nid de façon à ne pas déranger les oiseaux dans leur "petit nid fait à la va-vite". Un autre diaporama traitait de métamorphoses – des grenouilles, des chenilles, et des enfants, ma grand-mère et l'Ecclésiaste, un temps pour tout. Puis "Cette terre d'amour" – des orages de montagne, Woody Guthrie, des voies ferrées argentées sous la pluie.

Le diaporama suivant me ramena dans une pièce sombre. Mon père est un vieil homme, veuf, plein de tumeurs cancéreuses, mais toujours robuste et avec une voix ferme et riche. Son public est composé de personnes âgées de la maison de retraite Elyria, dans l'Ohio. Bien que le titre du diaporama soit "Le Cycle de vie", il ne fait aucun doute que le vrai sujet est le déclin. Là, une photo légèrement floue montrant des petits champignons, des *Marasmius rotula*, qui poussent sur une feuille en décomposition.

> La vieille feuille rend les atomes qui lui fournissent la substance de sa vie, explique-t-il, en les restituant au torrent des organismes vivants auxquels ils ont été empruntés. Aucun organisme vivant ne peut revendiquer un droit permanent sur ses atomes.

Sa voix est grave – c'est la voix d'un prêcheur, bien qu'il fût professeur – et profondément respectueuse, comme s'il lisait la Bible. Son intonation baisse à la fin de chaque phrase. Tandis que la musique d'une flûte de pan flotte légèrement en fond sonore, je ne peux m'empêcher de me demander ce que son public pense de cette pourriture et de ce déclin.

> Le cycle est activé par des agents de décomposition qui lui permettent de perdurer. Qu'on le veuille ou non, la majeure partie de la vie sur terre s'arrêterait sans eux : les moisissures omniprésentes…

Et à présent, ce sont les voix du Chœur du Tabernacle mormon et de tout l'orchestre qui enflent, la cantate de Bach n° 208, *Les moutons peuvent paître en paix*.

> … et les bactéries qui prennent l'azote dans l'air et l'intègrent dans le sol. Les myxomycètes…

Les trompettes rejoignent les voix des sopranos qui montent.

> Tout cela empêche notre terre d'être une immense tombe.

Et là, une photo de myxomycètes de la couleur rouge du rouge à lèvres, *Tubifera ferruginosa*, tout grumeleux et visqueux sur un morceau de bois en décomposition.

> Quelle merveille. Quelle merveille que ces simples atomes puissent être rangés de tant de façons, donnant la vie à tant d'espèces végétales et animales…

Mise au point rapprochée sur un hamster. Un mandrill. Un iguane.

... et même à une petite fille.

Je suis surprise de regarder une photo de moi, peut-être à cinq ans, assise sur les genoux de mon père, la tête penchée contre son épaule. La musique va crescendo, sa voix ralentit et devient plus grave.

> Quelle merveille que ces atomes, rangés de façon si précise, fournissent à un corps la capacité de porter toutes les fonctions de la vie :
> et même de s'émerveiller,
> et de rire,
> et de chanter,
> et de pleurer,
> et de mourir.

Chœurs et orchestre réunis, les cuivres chantant, des sons d'une richesse magnifique.
La musique s'estompa et le diaporama était fini. Je donnai un coup sur le magnétophone pour l'arrêter et posai ma tête sur mes bras.


Jonathan avait grimpé au-delà du lichen nitrophile et se tenait perché sur un rondin de bois poli par les tempêtes. Il observait avec attention des goélands cendrés qui tournoyaient au-dessus de la plage en poussant des cris comme des nouveau-nés. Ils emportaient des oursins pourpres dans les airs, les lâchaient sur les rochers et fondaient sur eux pour recueillir la chair entre les coupelles fêlées, couvertes de piquants. Je pris mes jumelles pour regarder les goélands, mais les reposai, à nouveau rattrapée par des souvenirs de mon père.

En cet après-midi orageux de novembre, j'avais ouvert une de ses boîtes de diapositives étiquetée MERVEILLE. Les diapositives étaient là, bien rangées sur leur plateau. Mais il manquait le script et il n'y avait pas de cassette audio. J'engageai le panier à diapositives dans le projecteur. Une feuille rouge contre le ciel d'un bleu intense. Un polyphème pondant des œufs sur la chaise en velours bleu dans la salle à manger de mon père. Un gros plan d'une sorte de moisissure, comme de fines ampoules à capuchons noirs. Ma mère et son petit-fils, tout en joue et en peau douce. Du sang des glaciers, cette algue rose qui se développe sur des amoncellements de neige. Je regardai de nouveau dans la boîte à la recherche d'un script ou d'une cassette audio qui m'auraient échappé.

Parmi tout ce que j'aurais pu perdre, j'avais perdu mon père sur le sujet de l'émerveillement. Le petit bruit sec et le ronronnement de chaque diapo qui s'enclenchait s'abîmaient dans un silence qui me troublait. Que disait mon père à propos d'une feuille rouge sur fond de ciel bleu ? Qu'est-ce que cela signifie, de la neige qui devient rose au soleil ? Qu'est-ce que cela signifiait pour lui – son petit-fils dans les bras de sa femme ? Et quelle musique avait-il choisie ? Quelle musique d'ambiance sied à l'émerveillement ?

Alors que des photos en couleur se déplaçaient en silence et vacillaient sur le mur, des noix du noyer noir de mon voisin tombaient avec un bruit sourd sur le trottoir.

L'eau de pluie gargouillait dans la gouttière près de la fenêtre, puis se déversait dans le tuyau d'écoulement et creusait une rivière dans le tapis de feuilles de noyer. Les voitures passaient en vrombissant à travers celles qui s'entassaient sur la chaussée glissante et roulaient sur les noix. Les coquilles s'ouvraient avec une détonation sèche. Des corbeaux fonçaient à terre en croassant pour en picorer la chair, puis battaient des ailes et se rangeaient sur les fils téléphoniques.

La large tête d'un hibou des marais remplit l'écran, et il me vint brusquement à l'esprit qu'il n'y avait peut-être jamais eu de cassette audio avec pléthore de mots et de musique. Peut-être que l'émerveillement se tait. Peut-être que l'émerveillement, c'est juste ça : le silence d'un être humain, se trouvant, à la fin de sa vie, en tête à tête avec un monde de mystère et de beauté indescriptibles. L'étonnement au-delà des mots. La gratitude au-delà de l'expression. Et quelle pourrait être la musique de l'émerveillement pour un homme sur le point de mourir, excepté le son de ce torrent d'organismes vivants ? C'est comme ça que mon père l'appelait – le torrent des organismes vivants.


Tout en me balançant dans mon kayak, je regardais mon fils perché sur la crête de l'île. Son attention avait été attirée par quelque chose au large. Ses jumelles reposaient, inutiles, sur le siège du kayak, mais il était debout à présent, regardant intensément vers l'ouest. Il leva le bras et le pointa dans cette direction. Je tournai mes jumelles du côté qu'il indiquait. C'était un banc de dauphins, courbes argentées sautant de concert, brillant juste un instant, puis glissant dans la mer.

Je crois que la plus belle chose que l'on puisse dire à quelqu'un, c'est "Regarde." Et la position la plus tendre, ce n'est pas une longue étreinte, mais deux personnes se tenant côte à côte, regardant ensemble le monde. Quand les gens apprennent à regarder, ils commencent à voir, à voir vraiment. Quand ils commencent à voir, ils commencent à se sentir concernés. Et se sentir concerné, c'est l'entrée dans le monde moral.

— Regarde, là, presque tout au bout de la mer. Tu les vois ?

Jonathan indiquait un point loin, à l'horizon, où la lumière bondissait et bondissait encore.

## ÉCOUTER, TARD LE SOIR

Un soir, après dîner, Erin et moi mîmes nos lampes frontales et, une fois que nous eûmes enfilé nos cuissardes et fourré une lampe torche supplémentaire dans chacune de nos poches, nous sortîmes du rond jaune de la lanterne pour passer dans l'obscurité et prendre la direction de la grotte. Cette nuit-là, la marée était la plus basse du mois. Quand la marée est aussi basse, les bords moussus de l'île se trouvent en équilibre instable à plus de cinq mètres au-dessus de l'eau sur un socle de roche. Glissants à cause des algues, cachés parfois par la laitue de mer ou les frondes brillantes des laminaires, les rochers sont traîtres en plein jour. Aussi, de nuit, nous étions-nous accroupies pour les descendre en crabe, enfonçant nos bottes dans des crevasses, nos lampes frontales mitraillant sauvagement les arbres de l'autre côté de la crique.

Arrivées au bord de l'eau, nous suivîmes d'étroits rais de lumière à travers l'étrange terre qui apparaît et disparaît avec les phases de la lune, s'élevant lentement des eaux noires et s'évanouissant au matin. Nous avancions précautionneusement, évaluant chaque pas, marchant si près l'une de l'autre que nous nous bousculions. Des bernard-l'hermite se sauvaient sur notre passage. Sous un rocher en saillie, le faisceau de nos lampes éclaira une colonie de globules zébrés d'orange sécrétant du mucus et des algues filamenteuses. Des anémones aux rayures roses pendaient lourdement à d'épaisses tiges. Elles frémirent lorsque nous les touchâmes, et nous aussi. Des vers orange, qui s'allongeaient sous leur propre poids en rubans scintillants, étaient suspendus à des tubes courbes. Où que nous regardions, des lits de varech brillaient à la lumière de nos torches électriques. Des chitons, lustrés comme du cuir, s'accrochaient solidement aux rochers. Il y avait des balanes aussi grosses qu'un poing, des anatifes sur des anatifes, et des pouces-pieds avec d'épais siphons.

Nous cherchâmes un endroit où nous asseoir – pas facile dans l'estran. Asseyez-vous sur des balanes, et elles déchireront votre pantalon de ciré. Asseyez-vous sur du varech, et il est fort probable que vous tombiez à l'eau. Nous finîmes par trouver des plaques de fucus vésiculeux comme perchoir précaire et éteignîmes nos lampes.

L'odeur de la mer montait autour de nous, salée et dense. Dans le noir, nous tendîmes l'oreille. Au début, tout ce que nous entendions, c'était la mer, ses douces inspirations, ses expirations asthmatiques, qui faisaient comme un gargouillis. Puis, petit à petit, un tic-tic et un pop-pop s'élevèrent d'entre les rochers. Les algues se mirent à couiner. Des scritch-scritch à retentir de tous côtés – derrière, à droite, à gauche, minuscules pinces et mâchoires glougloutantes. Il y avait un plic-ploc continu tandis que l'eau salée dégouttait de globules invisibles, et de bulles, et de tentacules et de dieu sait quoi d'autre. Le bruit le plus fort venait de ma droite, sec et régulier, et puis quelque chose de gros sauta hors de l'eau et retomba avec fracas. J'entendis Erin retenir sa respiration. L'eau clapota contre le rivage. Puis il y eut une explosion de scritch-scritch suivie d'un long soupir.

Je changeai de position sur mon perchoir glissant, et aussitôt alarmée par mes mouvements, la nature tout entière se tut. Erin alluma sa lampe frontale et scruta l'eau.

— Des yeux, dit-elle. Des dizaines d'yeux.

Surprise, je fixai l'eau. Rien que l'obscurité.

— Non, des centaines, corrigea Erin en promenant le faisceau de sa lampe à travers la baie. Des centaines d'yeux. Des petits yeux jaunes. Comme de minuscules chats autour d'un feu de camp.

Je parcourus du regard la noirceur de l'eau.

— Allume ta lampe, ordonna Erin en se levant.

J'appuyai sur le bouton, et ils étaient là, me regardant fixement à leur tour, des paires de minuscules yeux jaunes – des yeux méfiants, à l'affût.

Je sortis une torche électrique de ma poche. Il y a une limite à la profondeur de l'obscurité qu'une personne peut tolérer au bord d'un océan noir.

La lumière explora un monde sous-marin qui apparut soudain, comme un tunnel éclairé de vert à travers des montagnes noires. Tout au fond de l'eau, je vis de la laitue de mer qui se soulevait. Des bigorneaux qui formaient de solides spirales contre la roche. Un village de pouces-pieds dans une forêt de vers tubicoles, avec des feuilles palmées roses qui ondulaient au-dessus d'eux. Un poisson scorpion avec une grosse tête qui remuait ses nageoires dentelées, si bien assorties au sable qu'on aurait dit des courants agitant l'eau. Puis ma torche découvrit deux petits globes oculaires brillants. Ils dansaient à la base d'une longue antenne ondoyante, aussi éphémères que des lignes pointillées, et l'antenne pointait de la tête d'une crevette. Elles étaient là, debout sur la pointe des pieds posés sur les graviers, petits cylindres courbés dans l'eau claire, leur carapace striée de rose et les pattes perlées pas plus épaisses que des poils – des centaines de crevettes, toutes tournées vers nous, fixant le faisceau de nos lampes.

Là-haut, dans le monde propre des arbres et de la pluie, Frank et Jon étaient penchés sur leur travail, qui consistait à monter des mouches à saumon ; ils ne savaient rien de toute cette chair gluante, de toute cette énergie et cette agitation, de toutes ces petites prises de conscience cuisantes. Erin et moi, non plus : nous vivions nos vies diurnes à la surface de l'île, persuadées que nous étions seules ici, si tant est que cette pensée nous traversait l'esprit, persuadées que nous étions responsables, et ne rêvant jamais aux autres mondes qui sortaient la nuit.

— Mon Dieu, comme j'aimerais que René Descartes soit là, dis-je.


Erin éclata de rire ; elle était habituée à ce genre de réflexion. Qui n'en était pas moins vraie. Les philosophes des Lumières nous ont présenté un monde tellement triste et solitaire où nous devions vivre. Pendant trois cents ans, nous, les enfants des Lumières, sommes restés assis seuls, les yeux mouillés, dans un monde où il n'y avait rien que des pierres et des bêtes, les seuls esprits dans un univers de matière et d'animaux-machines, les seuls yeux brillant dans un univers dépouillé de mystère, exposés à l'entendement et au contrôle humains, réduits à ce qui convient à l'homme. Rois solitaires sur la montagne rocailleuse, nous regardons le monde avec méfiance à travers nos faibles et étroits faisceaux lumineux, niant l'existence de tout ce qu'on ne peut pas voir clairement et distinctement, les autres mondes insoupçonnés qui nous observent dans le noir. J'aimerais que Descartes s'affale ici sur un rocher visqueux.

"C'est plus glissant que vous ne le pensez", le mettrais-je en garde. Il se débattrait probablement pour faire le tour du lit de varech dans sa longue toge de laine – Frank devrait lui prêter des bottes – et je sais qu'il ne comprendrait pas mon français, appris au lycée. Mais j'écarterais une dangereuse cascade d'algues et lui indiquerais avec insistance un rocher. Habitué à se déplacer à la lueur d'une bougie, il me surprendrait peut-être par son aisance à trouver son chemin dans le noir.

"Ici, dirais-je en le prenant par la main. Enfoncez votre doigt dans cette anémone et sentez comme elle recule. Plongez la main dans l'eau. Essayez de toucher ces tentacules qui ondoient à l'extrémité du tube. Vous les voyez se rétracter brusquement ? Tendez la main pour toucher le poisson scorpion ; regardez comme il disparaît dans un nuage de sable. Éteignez votre lampe frontale. Tous les yeux s'évanouiront. Bougez une fois, agitez juste le bras, et tous les bruits cesseront. Et vous serez assis dans un monde qui est *froid, sombre, muet et vide*\*." Peut-être aurait-il l'air surpris. "Et vous, qui doutez de la vérité de tout ce que vous ne pouvez percevoir clairement et distinctement, vous vous persuaderez que le monde est en fait froid, sombre, muet et vide.

"Mais si vous restez assis immobile dans le noir, en respirant doucement, le monde s'éveillera autour de vous. L'étonnement montera en vous comme la marée lente, s'insinuant sous la plante de vos pieds. Et alors, vous comprendrez : vous êtes le parent d'une famille de créatures vivantes, conscient dans un monde de consciences, vivant dans un monde de vies, respirant comme la crevette respire, comme le varech respire, comme l'eau respire, comme les aulnes respirent, la lente inspiration/expiration. À l'exception de l'argon et d'une partie de l'azote, tous les gaz qui entrent dans vos poumons proviennent de créatures vivantes – l'oxygène du plancton, le dioxyde de carbone des sapins-ciguë. Chaque respiration que vous prenez vous entrelace dans le tissu de la vie."

Il ne comprendrait probablement pas un mot de ce que je dirais.

À ce moment-là, l'humidité avait pénétré mon pantalon de ciré, mon caleçon en polaire, mon collant en polypropylène. Ce n'est pas bon. Les vêtements qui ont pris la pluie ou la rosée finissent toujours par sécher. Mais une fois mouillés par l'eau de mer, ils seront irrémédiablement trempés car le sel attire continuellement l'eau et la retient.

— On y va ? dis-je à Erin.

---

\* En français dans le texte.

Et nous nous traînâmes à quatre pattes en haut du rocher glissant, comme des ours, nous hissant précautionneusement sur les pouces-pieds, jusqu'à ce que l'odeur forte de la mer cède la place à celle des aiguilles des vieux cèdres qui se décomposaient sur le sol, nous indiquant que nous n'étions plus très loin d'une gorgée de brandy et d'un sac de couchage bien chaud.

Je fais partie de ces gens qui n'arrivent jamais à trouver les mots justes dans le feu de l'action. Toute la nuit, je réfléchis à la parenté entre les humains et l'ensemble de la création naturelle, cette belle et déconcertante famille, et je songeais à quel point cette parenté est compliquée, stratifiée et infinie.

Premièrement, il y a la parenté de substance. Comme une limace de mer ou une palourde chevaline, je suis constituée d'atomes de carbone qui se sont tissés au fil du temps, arrangés et réarrangés en structures. Brisez ma structure en atomes distincts, et vous pourrez à peine me différencier des étoiles. Deuxièmement, il y a la parenté d'origines. La chair de poule qui me picote la peau est ce qui reste de la contraction qui hérisse la fourrure d'un ours effrayé et qui ébouriffe les plumes d'un oiseau en février. Troisièmement, il y a la parenté d'interdépendance. Pensez à la fermentation sucrée des sapins-ciguë qui crée la vanilline, laquelle nourrit les parasites du champignon, qui produit des sporophores et nourrit les vrais écureuils volants, les chouettes tachetées, et enchante une femme d'âge moyen qui réchauffe l'arbre en décomposition avec son pantalon en polaire. Et quatrièmement, la parenté de destin. Nous, nous tous – les algues bleu-vert, les galaxies et l'herbe d'ours, les philosophes et les palourdes –, nous nous disperserons un jour en atomes frémissants. Au bout du compte, l'ensemble de la création naturelle n'est que son et silence se déplaçant dans l'espace et le temps, comme la musique.

Ce sont toujours les mêmes arguments que l'on nous sert à chaque fois pour tenter coûte que coûte de préserver aux seuls humains une place sur le piédestal. Voici celui qui revient tout le temps : il semblerait que les humains soient à part et au-dessus du reste de la création naturelle, car la Bible dit que Dieu a créé l'homme à son image, plusieurs jours après avoir créé les oiseaux du ciel et les poissons de la mer, et qu'il a donné à l'homme le pouvoir de dominer toutes les créatures qui marchent, qui volent et qui nagent.

Je dirais cependant que c'est uniquement par arrogance que les humains pensent que Dieu nous a fait supérieurs à tous les autres parce qu'il nous a créés en dernier. Pourquoi les gens ne pourraient-ils pas croire aussi facilement que le temps que Dieu se mette enfin à créer l'homme, il était tellement à court d'idées qu'il s'est contenté de faire un peu de recyclage ? Les mêmes systèmes qui propulsent un calmar géant dans l'eau font circuler le sang dans nos cœurs, et nos cellules utilisent la même notation qui gouverne la croissance des crabes rouges. Nous respirons le même oxygène que les poissons de la mer et les oiseaux du ciel, et quand il se transforme dans nos poumons, c'est le même dioxyde de carbone. Pour créer nos âmes, nos âmes exaltées, Dieu a soufflé dans le cerveau d'un lézard. Nos grands temples ont les proportions d'un serpent.

Si nous avons vraiment été créés à l'image de Dieu, alors Dieu, aussi, doit être fait de la matière des lézards, ou alors ce sont les lézards qui sont faits de la matière de Dieu. Nous devrions nous réjouir de l'existence de chaque être humain, et de chaque calmar et poisson scorpion – les géniteurs de ce qui est divin en nous.

Descartes propose un argument différent. Les humains sont dotés d'une âme, ou d'une conscience, écrit-il, "la substance pensante". Mais les plantes et les animaux n'en sont pas dotés. Aussi, les humains sont-ils à part et supérieurs aux plantes et aux animaux.

Il est vrai que je ne sais pas avec certitude quels animaux pensent, mais Descartes non plus, et cela paraît être une bonne raison pour ne pas tirer des conclusions hâtives sur ce qu'un animal a en tête. Comme c'est drôlement commode de croire que les humains ont le monopole de l'univers toujours présent à l'esprit. Si les gens ont l'intention de mettre les dauphins en captivité et de transformer la vésicule biliaire des ours en un élixir fortifiant, s'ils ont l'intention de racler complètement le fond de l'océan et de moudre l'arrière-train du cerf à queue noire en steak haché, s'ils ont l'intention de réduire les sites de nidification des hiboux pour fabriquer du papier toilette et se persuader que ce n'est pas un problème, alors ils auront besoin de croire que les humains ont une âme et pas les autres animaux. Mais cela relève de la solution de facilité, pas de la vérité.

La conscience demeure le grand mystère, inexpliqué, peut-être inexplicable. Lequel d'entre nous peut dire ce qui se passe dans nos propres corps pour transformer des quanta d'énergie en prise de conscience du reflet des étoiles sur l'eau ? Qui sait ce qui se passe dans l'esprit d'un être humain quand il regarde cette étoile se lever, briller et s'emmêler dans le varech flottant – cette joie, ce désir de vouloir plus ? Et qui pourrait prétendre savoir ce qui se passe derrière l'œil d'une crevette ?

Chaque fois qu'avec nos étroits faisceaux de lumière directionnels nous perçons l'obscurité, nous découvrons un autre monde surprenant, jamais imaginé. Tout autour de nous, des animaux poussent des cris, tressaillent, bondissent et regardent fixement de leurs yeux impénétrables. Quelle vision lamentablement limitée pourrait encore nous convaincre qu'il n'y a rien de plus que ce que nous voyons – que parce que nous ne pouvons pas sonder les profondeurs, elles n'existent pas ?

Et enfin, il y a le dernier argument. J'ignore s'il reste encore quelqu'un sur terre pour le défendre publiquement, mais je ne sais pas non plus s'il existe quelqu'un qui n'y croie pas dur comme fer, ou espère qu'il est valable. Voici cet argument : les humains peuvent altérer les autres parties de la création et demeurer inaltérés. Par conséquent, ils ne doivent pas faire partie d'un tout interdépendant.

C'est l'erreur la plus triste, la plus autodestructrice de toutes nos tristes erreurs autodestructrices, penser que les humains peuvent dégrader les lieux où ils vivent sans se dégrader eux-mêmes. Nous sommes submergés par les preuves contraires : avec les épidémies d'asthmes dans les villes enfumées, les enfants souffrant de saturnisme, les histoires des Tlingits sur le saumon perdu, les familles éclatées et les villes dysfonctionnelles, les glissements de terrain et les cours d'eau vides.

"Vous pouvez me couper la main, et je continuerai de vivre, me dit Jack Forbes, l'écrivain powhatan renape. Vous pouvez m'arracher les yeux, et je continuerai de vivre. Me couper les oreilles, le nez, les jambes, et je continuerai de vivre. Mais prenez l'air, et je meurs. Emportez le soleil, et je meurs. Emportez les plantes et les animaux, et je meurs. Pourquoi dans ce cas penserais-je que mon corps fait plus partie de moi que le soleil et la terre ?"

Lorsque je m'assois dans le noir et que j'écoute, c'est ça que j'entends : l'eau de mer gouttant des algues brunes. La pluie faisant flic-flac dans les sapins-ciguë. Un homme et son fils parlant tout bas à la lueur d'une lanterne. Un troglodyte des forêts tressaillant à son réveil. Un crabe de varech se traînant sous une laminaire sucrée. Un bateau grinçant sous la force de la marée. C'est une seule symphonie – tous les petits chants montant de l'obscurité, s'assemblant pour créer une nuit magnifique. Porter atteinte de quelque façon que ce soit à une partie ou une autre de la musique, c'est porter atteinte à l'harmonie de l'ensemble. Et la discordance que nous créons se retrouvera dans nos vies et la vie de nos enfants.

Les corbeaux croassèrent tôt le lendemain matin. Je me retournai dans mon sac de couchage et abaissai la fermeture Éclair de la tente. Entre les sapins-ciguë, je distinguai la mer qui s'enroulait contre le littoral de l'île. Les grottes sombres et renflées, les forêts de varech ployant sous leur propre poids, le monde entier rampant, glissant, avait disparu. Pour un peu, j'aurais pu croire qu'il n'avait jamais existé. À sa place, il y avait une lumière vive, silencieuse, et la silhouette d'un plongeon huard, flottant sur l'éclat aveuglant.

## VERS UNE ÉTHIQUE ÉCOLOGIQUE DU *CARE*

> Préserver le réseau de relations est le point de départ d'une éthique du *care*.
>
> JOAN C. TRONTO, *Signs*

Nous sommes repus de silence à Pine Island – pas exactement de silence en fait, mais de bruits qui s'espacent au fil du temps, aussi distincts que des îles fluviales dans un cours d'eau. Un martin-pêcheur pousse un cri strident. Une chaîne d'ancre cliquette sur un plat-bord. Un plongeon à gorge rouge émet des *kwak* comme Donald Duck. On peut peut-être entendre le vrombissement d'un moteur hors-bord quand Frank rentre avec le *Valdez* d'une fosse à flétans. Ces petits bruits sont entrecoupés de longs moments durant lesquels nous n'entendons que le bruissement du cours du temps, comme le vent qui siffle à nos oreilles.

Aussi, lorsqu'un pygargue à tête blanche me frôla sur le pont de l'*Ethel*, j'entendis chacune de ses plumes crisser dans le vent. Une partie de moi aurait pu rester à jamais dans cette absence de bruit. Mais j'avais rejoint l'*Ethel* à la pagaie, car brusquement, et sans que je sache pourquoi, je voulais parler à ma sœur. C'est quand même curieux, je me donne un mal fou pour me trouver en pleine nature, mais dès que j'échappe à l'humanité, je me mets à penser à ma famille, et après deux semaines, je me bats avec l'émetteur-récepteur pour essayer d'appeler chez moi.

J'allumai la radio et réglai les aigus. Lorsque les conditions atmosphériques sont bonnes, un opérateur peut parfois intercepter un appel. Il y eut une explosion de parasites puis la voix d'un homme posant une question incompréhensible. "5 1 0", commençai-je à dire, espérant intuitivement que la voix avait demandé un numéro de téléphone. Une otarie me fixait d'un air ahuri – et honnêtement, cet échange à propos de numéros n'avait aucun sens pour moi non plus. Mais alors j'entendis la voix de ma sœur, noyée dans les parasites.

"Nous ne pouvons pas vous répondre. Si vous souhaitez laisser un message, tapez 1."

Mais je n'avais aucune touche sur laquelle appuyer. Seule avec ma famille en pleine nature, je n'avais pas de touche 1. Je demeurai impuissante sur le pont, dévastée par l'absence de ma sœur. J'enjambai la poupe, montai dans mon kayak et retournai au campement à la pagaie.

Après avoir attaché mon bateau, j'escaladai des rochers pour regarder le coucher du soleil. Se profilant contre un ciel vaguement couleur lavande, Erin et Jonathan, en contrebas, marchaient dans l'estran. Des geysers d'eau de mer jaillissaient des palourdes dans la lumière jaune qui inondait sous les nuages. Un vol de garrots d'Islande siffla dans la baie, atterrissant en catastrophe les pattes en premier.

Erin et Jonathan se penchaient au-dessus des mares résiduelles, observant ce qu'ils pouvaient observer, soulevant du varech à la recherche de crabes. Puis ils se redressèrent et se tinrent côte à côte, tournés vers la mer tandis qu'un phoque se déplaçait tranquillement dans le chenal, un sillage de lumière derrière lui. J'aime être ici avec ma famille, regarder mes enfants redevenir soudain frère et sœur après avoir été séparés pendant des mois.

Cette sorte de parenté, cette sorte de bienveillance, est importante et bonne. Les êtres humains sont des créatures qui sont attirées les unes vers les autres. Nous autres, les humains, sommes nés dans des réseaux de dépendances et d'imbroglios, de liens cachés, de souvenirs et de désirs, de naissances et de renaissances, d'amour farouche, mystérieux – un réseau de relations. À moins que quelque chose ne tourne vraiment mal, nous savons ce que cela signifie d'être l'objet de soins, et nous savons ce que cela signifie de prendre soin.

Nous accordons une importance considérable à ces réseaux de relations. Même les tout petits bébés parcourent la crèche du regard en quête d'un visage humain, cherchant l'étreinte qui leur apportera le réconfort et les maintiendra en vie. À mesure que nous devenons plus âgés et que nous devenons aussi des êtres moraux, nous admettons l'existence de réseaux de parenté de plus en plus vastes, une famille plus grande qui s'étend même à des étrangers dans des contrées lointaines. Ce sentiment d'appartenance peut nous apporter du réconfort, et lorsque nous nous sentons seuls et isolés, nous éprouvons parfois une tristesse qui frôle le désespoir. Ce sont des faits de la plus grande importance morale : si nous tenons autant aux relations de bienveillance, alors il est logique que nous nous engagions à adopter des comportements qui renforcent, retissent et maintiennent en vie les réseaux des relations auxquelles nous sommes attachés.

Tel a été l'argument central de ce que les philosophes appellent "l'éthique du *care*" – l'une des contributions les plus importantes du XX$^e$ siècle à la théorie morale. Il nous dit que nous devons adopter des comportements qui préservent les réseaux des relations humaines que nous chérissons et dont nous dépendons. Non pas par sens d'un devoir abstrait, par loyauté envers un ensemble de principes qui nous forcent, en dépit de nos inclinations, à prendre soin d'autrui. Non pas par une attitude calculatrice selon laquelle prendre soin d'autrui accroîtra le bonheur à long terme. Mais parce que nous prenons naturellement soin d'autrui – comment ne le pourrions-nous pas ? Et, chérissant les relations de bienveillance, nous concentrons nos efforts pour les entretenir et les protéger.

Si tel est le cas, savoir alors ce qui est juste dans n'importe quelle situation donnée nécessite de bien comprendre ce qui fait que des liens de soutien mutuel prospèrent dans des cadres particuliers. Bien se comporter nécessite de comprendre l'écologie – pourrait-on dire – de la bienveillance.

J'étais restée debout sans bouger pendant si longtemps que les turbans à cornes et les bigorneaux autour de mes bottes avaient laissé apparaître des antennes rouges et des pattes velues à l'extrémité bleue. Dans le silence de la soirée, je les entendais s'éloigner sur la pointe des pieds, tapant les pierres à petits coups hésitants – le bruissement des bernard-l'hermite, doux comme les premières gouttes de pluie. La marée montait, argentée à présent sous le ciel pourpre, ramenant Erin et Jonathan vers le campement. Têtes baissées, qu'ils tenaient si près l'une de l'autre que leurs fronts se touchaient presque, ils se penchèrent pour rentrer le bas de leurs pantalons dans leurs bottes.

Je pense que l'éthique du *care* ne concerne pas seulement les relations entre les gens. Après tout, nous sommes nés au sein de relations, pas uniquement avec des êtres humains, mais avec la terre – le réseau, beau et compliqué, des liens de soutien qu'Aldo Leopold appelle la "communauté biotique". Est-ce que je n'accorde pas non plus de l'importance à mes liens avec le monde naturel – les profonds liens biologiques qui me créent et me maintiennent en vie, les liens émotionnels qui m'enracinent à la terre et m'ancrent dans la mer ? Et est-ce que cette parenté n'a pas aussi des conséquences morales ?

"Toutes les éthiques développées jusqu'à présent, écrit Leopold, reposent sur une seule hypothèse : l'individu appartient à une communauté constituée de parties interdépendantes", une communauté qui inclut "le sol, l'eau, les plantes et les animaux, ou collectivement, la terre". Nous autres, humains, accordons de l'importance à nos liens avec les espaces naturels qui nous créent et nous maintiennent en vie. La prise de conscience soudaine d'une parenté à la terre nous remplit de joie, et lorsque nous nous trouvons loin des lieux que nous aimons, nous sommes plus tristes, et d'une certaine façon diminués.

Ce réseau de relations émotionnelles et biologiques exige que nous nous engagions. Les bons comportements sont ceux qui nourrissent, mettent en valeur et célèbrent les réseaux de relations solides parmi tous les membres de la communauté biotique. "Chantons notre amour et nos obligations envers" la terre, conseillait Leopold, et il est important de remarquer comme les obligations suivent de près l'amour.

Je suis touchée par la manière dont l'éthique du *care* et l'éthique de la terre de Leopold se rejoignent, glanant toutes deux une sagesse morale tirée de l'expérience humaine d'aimer et d'être aimé. Les deux éthiques répondent à la tristesse de la séparation, à l'inquiétude que les gens ressentent quand ils sont dangereusement ou malencontreusement isolés – que la séparation soit d'avec les familles ou les communautés, les paysages ou les écosystèmes.

Je pense que l'éthique du *care* a vu juste : la bienveillance que nous éprouvons pour les autres est la base de nos responsabilités morales envers eux. Et je pense qu'Aldo Leopold a vu juste : notre responsabilité morale qui nous pousse à nous soucier de la Terre vient de notre amour pour elle et des relations complexes et fécondantes entre les gens et leurs milieux.

N'en découle-t-il pas ceci ? Que notre sens moral doit nous appeler à ressouder et à chérir les réseaux de relations sains, non seulement avec les gens, ou non seulement avec la terre, mais avec les familles aussi, les communautés humaines, les paysages, et les communautés biotiques – toutes nos relations.

Ce dont nous avons besoin maintenant, c'est d'une nouvelle éthique – appelons-la une "éthique écologique du *care*", appelons-la une "écologie morale". C'est une éthique construite sur le soin apporté aux autres *et* le soin apporté aux lieux, et sur toutes les façons complexes et belles dont l'amour pour un lieu et l'amour pour quelqu'un se nourrissent mutuellement et nous maintiennent tous en vie.

Je n'ai jamais rencontré Nel Noddings ni quiconque a fait partie des premiers à écrire sur l'éthique du *care*. Mais j'ai visité autrefois la ferme d'Aldo Leopold dans le sud du Wisconsin, le centre de sa vie d'écriture. Frank et moi y avons passé la nuit après que j'avais parlé à un groupe de conservationnistes rassemblés sous un vieux chêne. La petite maison en bois, un poulailler que Leopold et les siens avaient aménagé et qu'ils appelaient la Cabane, était le cœur de sa vie de famille, là où la terre croissait dans ses enfants et ses petits-enfants tandis qu'ils replantaient des chênes et des pins blancs et des rudbeckias, plongeaient dans la Wisconsin River, nageaient la nuit sous l'immense déferlement du ciel au-dessus de la prairie du Wisconsin, et apprenaient à prendre soin de la terre autant qu'ils prenaient soin les uns des autres, même s'il était peut-être difficile de dire où l'un s'arrêtait et où l'autre commençait.

Quand la famille Leopold dormait dans la Cabane, un pare-neige en lattes de bois et fil de fer faisait office de lit, occupant la largeur de la pièce. Quel que soit le nombre d'enfants qui se trouvaient là, ou le nombre d'amis, ils s'enroulaient tous dans des couvertures côte à côte sur le pare-neige, comme les bûches d'un tas de bois. J'imaginais des adolescents assis le matin près du feu d'un immense foyer, riant et se chamaillant, et s'entassant autour de la petite table à la lueur d'une lampe à pétrole, par une morne journée de pluie. Si quelqu'un était passé devant la Cabane, sous la pluie – ce que personne n'aurait probablement fait, dans ce coin-là de la prairie –, il aurait vu une lumière jaune derrière les fenêtres éclaboussées de gouttelettes, et entendu des éclats de rire à travers les arbres. Il aurait senti l'odeur de la fumée de bois et des pins mouillés.

La nuit approchait. Erin et Jonathan étaient remontés au campement ; je les entendais fouiller dans leurs sacs étanches pour prendre des vêtements plus chauds – une deuxième paire de chaussettes, un bonnet en laine. Je tirai un kayak jusqu'au bord de l'eau et ramai pour atteindre l'*Ethel*. Sortir d'un kayak pour grimper dans un gros bateau est délicat – on a besoin d'un gilet de sauvetage. J'avançai la proue du kayak entre le moteur et la coque, attrapai le bastingage à deux mains et me levai – une position instable, probablement stupide. Puis, le nœud de chaise du kayak dans la main, je me hissai tant bien que mal dans le bateau et allumai l'émetteur-récepteur.

Quelquefois, quand le temps change – une saute de vent, les nuages qui s'aplatissent au-dessus de l'eau –, on a une meilleure connexion avec le monde extérieur. Mais je n'entendais que des parasites, se déversant sur le silence de l'eau, immobile au crépuscule. Je m'assis à l'arrière du bateau et regardai des mouettes voler vers l'ouest, blanches contre la forêt obscurcie. Les dernières lumières avaient déjà délaissé la neige sur les montagnes de l'autre côté de la baie.

Parfois, j'ai du mal à la fin de la journée. Il y a quelque chose peut-être dans l'approche de la nuit qui me fait me sentir seule – ou c'est la baisse de la température, une certaine nuance de pourpre dans l'air.

## LE DÉPART DE L'ÎLE

*Avis de coups de vent. Vents de nord-ouest de 15 à 20 nœuds, mollissant à l'ouest, quelques bancs de brume réduisant la visibilité à près de zéro. Pluies éparses, croissantes. Prévisions : pression 1005,2 et faiblissant, vents ouest-nord-ouest, atteignant 25 nœuds. Vagues de 2 mètres ; mer du vent de 2,5 à 3 mètres.*

Plus le moment de quitter l'île approchait, plus le temps était menaçant. À tour de rôle, nous vérifiions la météo marine, transportant la radio au bord de l'île où la réception était meilleure. Les prévisions étaient toujours les mêmes – la même voix de synthèse, les mêmes mauvaises nouvelles.

De retour dans les méandres des chenaux, protégés par les montagnes, seule une brise légère hérissait notre petite baie, aussi ne pouvions-nous pas nous rendre compte de la tempête qui approchait. Mais nous l'entendions dans les grognements des phoques sur une île à un kilomètre de là : les bruits sont plus aigus et portent plus loin quand les nuages sont bas. Nous savions que pour rentrer au port, nous allions devoir traverser d'une façon ou d'une autre un large bras de mer entièrement exposé au vent du nord-ouest. Et le vent peut sacrément prendre de l'ampleur dans cette partie-là du Pacifique nord. *Vagues de 2 mètres*: ce qui annonçait une forte houle, avec des creux d'1,80 mètres de profondeur. *Mer de vent de 2,5 à 3 mètres*: nous pouvions nous attendre à un méchant clapot abrupt en plus de la houle.

Comme nous nous accordons toujours quelques jours supplémentaires à cause du risque de mauvais temps, plusieurs possibilités s'offraient à nous. Nous pouvions rester sur l'île et attendre que la tempête se calme ou que le vent change de direction. Nous raterions quelques rendez-vous, nos amis s'inquiéteraient. L'eau douce n'était pas un souci, le ruisseau étant accessible à la rame. Nous ne mourrions pas de faim non plus, vu que nous pourrions manger du crabe et des crevettes. Il nous faudrait cependant limiter nos sorties pour aller pêcher, car nous devions garder assez de carburant pour partir. Le propane pour le réchaud serait, en revanche, un problème, à vrai dire assez rapidement, aussi n'étions-nous pas sûrs de savoir comment cuire nos aliments. Au cours de tous les étés où nous avions campé sur l'île, pas une seule fois nous n'avions fait du feu, même par temps froid. C'était impossible. Ici, le bois est à tordre – littéralement –, à peu près de la consistance du foie. Du poisson cru pêché dans la mer? – il n'y avait probablement rien à craindre. Des crevettes crues? Allons, rien de tout cela ne nous tuerait. Et le temps finirait bien par s'améliorer.

Telle était l'option numéro 1, mais la météo marine prévoyait que le temps allait se dégrader dans les jours prochains, et même si le vent se calmait, cela prendrait un jour ou deux pour que la houle tombe. Bref, nous en aurions pour une semaine, au moins. Et c'est long quand il pleut à verse et qu'on n'a plus de whiskey.

L'option numéro 2 ? Charger le bateau et mettre le cap sur le port. C'est là que nous attendaient notre voiture et la remorque, ainsi que des restaurants et des téléphones. Les ennuis ne commenceraient qu'après notre départ de la chaîne des fjords, quand nous ferions route au sud dans le détroit. C'est une traversée de 9,6 km, ouverte à tous les vents, avec rien entre ici et le Japon pour réduire l'amplitude de la houle. Une fois effectuée, il nous faudrait encore remonter la côte, et les îles qui protègent ce littoral sont très espacées, avec des courants redoutables dans une mer par l'arrière. Avec cette option, nous prenions le risque de chavirer. À vrai dire, je crois que cela m'importait peu de chavirer ; je serais littéralement morte de peur bien avant que les vagues ne submergent la poupe et coulent le bateau.

Il y avait une troisième option. Nous étalâmes les cartes sur une bûche en décomposition et étudiâmes le réseau de ramifications des fjords. Que se passerait-il si nous ne prenions pas la direction de l'ouest, vers le large, mais que nous chargions le bateau et remontions vers l'intérieur des terres ? Notre île se trouve au milieu d'un fjord qui fait partie d'une suite de vallées fluviales entaillant les montagnes du continent. Si nous choisissions de remonter un chenal qui croise un chemin de terre, il y avait des chances pour que des gens campent ou pêchent dans les parages. Si c'était le cas, ils nous amèneraient sûrement jusqu'à la grande route, soixante kilomètres de terrain accidenté, et alors l'un de nous pourrait faire du stop pour rejoindre le port maritime, récupérer le camion, et revenir pour transporter le bateau.

Le problème, c'est que cette expédition consommerait toute l'essence du bateau, et s'il n'y avait personne au débarcadère, ou si les gens qui s'y trouvaient refusaient de nous aider, nous serions coincés. Il était peu probable que, de retour dans les montagnes, nous puissions utiliser la radio. Nous pourrions toujours pêcher des palourdes, mais le mois d'août est un mois de marée rouge. Nous trouverions probablement des crabes, mais certainement pas de crevettes. Du flet, sans doute. Mais encore une fois, nous n'aurions plus d'essence pour le bateau, et presque plus de propane pour le réchaud. Il ne nous resterait plus qu'à attendre que quelqu'un passe. Frank étudia la carte. Un cours d'eau se jetait dans la mer, à l'avant du fjord. Un cours d'eau, cela veut dire des saumons qui fraient en cette période de l'année, et qui dit saumon dit souvent des gens.

Le vent souleva le bord du taud et l'eau qui s'y était accumulée se déversa si brusquement qu'elle fit déborder le seau jaune que nous avions accroché pour récupérer l'eau de la pluie. La radio crépita. Avis de coups de vent dans la soirée et le lendemain. Le vent forçait. Nous décidâmes d'attendre un jour de plus.

Une fois que je me mis à penser à rentrer à la maison, être chez moi était tout ce que je souhaitais. C'est comme la soif; une fois que vous vous mettez à y penser, vous vous dites que vous allez mourir si vous ne buvez pas. C'est tellement compliqué, cette relation avec la nature sauvage et son chez-soi.

Alors que nous remontions au moteur un profond fjord vers l'est, où nous espérions trouver des gens au bout de la route, nous avions tous sorti nos jumelles pour scruter les rives à la recherche de quelque indice. De chaque côté du fjord, des montagnes boisées surgissaient de la mer, leurs sommets brillant de neige fondue. Au bord de l'eau, des parcelles aux pentes abruptes avaient subi une coupe à blanc, très ancienne sans doute, car déjà les aulnes masquaient l'escarpement de leurs feuillages vert tendre. Mais en dehors de cela, nous ne vîmes aucune trace de vie humaine. Comme les vagues roulaient sous la poupe, soulevant et abaissant la proue, nous avions du mal à tenir nos jumelles. Au moment où nous nous approchâmes de l'extrémité du fjord, je crus apercevoir une lueur entre les arbres, la vitre d'une voiture, peut-être, mais Erin avait raison: c'était probablement un reflet sur une cascade ou un rocher mouillé. J'examinai attentivement la plage; les taches de lumière pouvaient être des gens, ou des tas de bois flottant, ou des ours, supposais-je, mais en attendant c'étaient bel et bien des taches de lumière.

Le bateau avançait par à-coups dans le bras de mer. Au bout d'un ou deux kilomètres, les taches se transformèrent en carcasses de flétans – nous les distinguions nettement maintenant –, d'énormes flétans découpés en filets aussi gros que des serviettes de bain. Quelqu'un avait posé les carcasses sur des rochers sur la plage. Des pygargues à tête blanche s'agglutinaient autour des flétans, comme des mouettes, arrachant de longs morceaux d'intestin, ou s'accroupissaient sur la plage pour digérer. Nous abaissâmes nos jumelles et nous nous regardâmes : s'il y a un poisson découpé en filets, il y a au moins un pêcheur avec un couteau à filets. Aucun de nous ne fit allusion à la chance.


Nous mouillâmes dans des eaux profondes tout au bout de la baie puis, après avoir coupé le moteur, procédâmes à un vote : qui serait le plus susceptible de persuader quelqu'un de l'emmener ? Je perdis. J'étais celle qui faisait le plus pitié, décida ma famille, une femme d'âge moyen, marchant sur la plage, dans des bottes en caoutchouc. Une fois le kayak à l'eau, je gagnai la rive à la pagaie.

Il y avait, en fait, une caravane dans les bois avec un pick-up garé à côté. Je fis le tour par derrière, gênée de faire ainsi intrusion.

— Hou-hou ! Il y a quelqu'un ?

La caravane était fermée à double tour. Je frappai à la porte. Rien. Des affaires traînaient un peu partout – un gril à charbon de bois, une Thermos, des bols avec des restes de chili collés au fond, la laisse d'un chien. Au pays des ours, jamais les propriétaires ne laisseraient de la nourriture dehors s'ils ne prévoyaient pas de rentrer avant la nuit. Nous avions donc une chance – la chance de rejoindre la grande route par le chemin de terre, la chance que quelqu'un sur la grande route s'arrête pour prendre un auto-stoppeur dans le noir, si un automobiliste passait par là.

Il y avait un autre pick-up près du débarcadère – une seconde chance. Dans une clairière entre le sentier de gravier et la baie, je tombai sur deux jeunes qui nettoyaient des poissons – les manches de leurs chemises remontées, du sang jusqu'aux coudes. Ils sursautèrent en me voyant ; ils n'avaient pas dû entendre le kayak arriver. Je leur racontai notre longue histoire. Ils m'écoutèrent. Je leur demandai s'ils pouvaient me conduire en ville.

— Nan, dit le plus grand des deux. On a un paquet de flétans à nettoyer. Tenez. (Il fouilla dans sa poche et me lança un jeu de clés.) Vous n'avez qu'à prendre le pick-up.

Ce que nous fîmes. Jonathan approcha lentement l'*Ethel* de la côte afin que Frank et Erin puissent sauter par-dessus bord, puis il fit marche arrière et jeta l'ancre dans des eaux profondes où Anne et lui attendraient. Au volant du pick-up, Frank et Erin firent le tour de la ville pour récupérer la voiture et la remorque à bateau. Quant à moi, restée seule, je m'assis dans le kayak, sur la plage, et méditai sur la bonté humaine. À la tombée de la nuit, j'entendis Erin et Frank bringuebaler sur la route qui les ramenait à la crique.

J'avais froid et j'étais fatiguée à force d'attendre, mais je n'avais pas faim. La famille de la caravane était revenue et, sans rien dire, un adolescent était descendu à la plage et m'avait tendu un sandwich au jambon, une pomme, un cookie aux M&M's et une canette de Coca. J'avais tout mangé et bu la canette en entier, sans penser un seul instant à en garder pour qui que ce soit. On pourrait imaginer qu'après avoir vécu sur une île où l'on s'est nourri de crabe, de crevettes et de saumon fraîchement pêchés, on ne voudrait rien manger d'autre. Mais un sandwich au jambon – c'était vraiment bon.

Nous passâmes la nuit dans un motel tout en contreplaqué. Je sortis la propriétaire du lit pour que nous puissions entrer. Commandai une pizza à emporter à un restaurant ouvert vingt-quatre heures sur vingt-quatre. Ouvris la fenêtre pour chasser la vieille odeur de cigarette. Appelai la famille et les amis. "Est-ce qu'il y avait des toilettes extérieures sur l'île ? voulut savoir ma sœur. Est-ce que vous avez eu beau temps ?" Par la fenêtre, on voyait le bateau, arrimé sur sa remorque, sous un néon du parking. Des arcs-en-ciel huileux se reflétaient dans des flaques, et des camions passaient à côté dans un ronflement de moteur, projetant des gerbes d'eau contre la coque.

*AMAZING GRACE*

Le crépuscule à minuit. Un long et lent crépuscule tandis que le soleil glisse au-dessus de la ligne de flottaison, en cette nuit de solstice d'été. Le ferry tremble, se met à gronder, et franchit lentement le brise-lames qui enserre la ville portuaire. Je reste sur le pont avec les autres passagers que la pluie ou les émanations de diesel ne dérangent pas. Nos capuches soigneusement attachées, l'humidité s'accumulant dans les plis et ruisselant le long de nos joues, nous guettons les baleines – leur souffle rauque – et observons les senneurs rentrer au port. Il n'y a pas grand-chose d'autre qui bouge ce soir. Juste le ferry, avançant, ballotté, entre les îles, et nous qui ajustons l'inclinaison de nos capuches pour empêcher la pluie de nous couler dans les yeux.

À l'intérieur du bateau, les gens achètent des bières et s'installent près des hublots ; ils essuient la buée avec leur manche puis se collent à la vitre pour regarder à travers leur reflet. La pluie, qui trace des sillons sur le verre, découpe leurs visages en bandes onduleuses, comme s'ils avaient été déchirés dans le sens de la longueur et mal réassemblés. À mesure que de nouvelles lampes s'allument dans la cabine, ils renoncent à essayer de regarder dehors et se tournent vers un jeune homme qui accorde sa guitare.

Un autre guitariste le rejoint; ils se penchent l'un vers l'autre, inclinent la tête du même côté et s'écoutent accorder leur instrument. Je ne les vois que vaguement à travers les hublots, dont les vitres ruissellent de pluie et des couleurs vives des cirés, et ce que j'entends, ce ne sont pas les notes hésitantes. Ce que j'entends, ce sont des grives. Cri après cri, poussés par toutes sortes de grives, notes flûtées arpégées et soutenues, estompées sur la fin. De temps à autre, j'entends aussi une grivette à dos olive, un sifflement soyeux qui monte en spirale de la forêt, où l'obscurité règne déjà.

Le bateau avance en fouettant la surface de l'eau, louvoyant entre de petites îles. Je regarde attentivement, mais aucun ours ne sort d'une crevasse là où un ruisseau quitte les sapins-ciguë. Des bribes de chansons flottent dans l'air avec la fumée de cigarette qui s'échappe de la cabine. Les guitaristes en sont à ce stade où deux étrangers se rencontrent et cherchent une sorte de croisement, une chanson qu'ils connaissent tous les deux. Apparemment, ils n'en ont pas trouvé beaucoup jusqu'à présent, car les chansons que j'entends démarrent avec force et s'arrêtent brusquement au bout de quelques phrases suivies d'éclats de rire. Ou alors ils se lancent à tour de rôle dans un solo, attirant un peu plus de monde chaque fois qu'ils tombent sur un morceau qu'ils arrivent à jouer ensemble et que quelques personnes arrivent à chanter. Dans la forêt, le ramage de la grive à dos olive s'élève dans le ciel où percent quelques étoiles sur un écran bleu nuit.

Je suis surprise en regardant le ciel. La pluie s'est calmée mais aucun de nous ne s'en est aperçu, à l'abri sous nos capuches, têtes baissées pour mieux nous protéger ; il a fallu que nous levions les yeux en entendant le chant des oiseaux pour découvrir des nuages bordés par le clair de lune et les étoiles au-delà. Nous abaissons nos capuches, essuyons nos cheveux qui se sont plaqués sur nos fronts, et écoutons des sons soudain plus vifs et plus faciles à localiser.

Moteur coupé, le bateau avance sur son erre à travers un étroit bras de mer et tombe sur des *wanigans* épars, de petites maisons en planches de cèdre flottant sur des rondins attachés par des chaînes à un littoral qui s'élève brusquement en montagnes saupoudrées de neige. La plupart des maisons sont dans le noir et difficiles à distinguer, mais de l'une d'elles, une fenêtre jaune projette un rectangle de lumière sur la baie. Quelqu'un sur la côte joue de la flûte irlandaise, une seule ligne de musique arrivant de nulle part, une ligne de musique sur l'étendue des eaux sombres entre les montagnes. Nous reconnaissons des passages d'*Amazing Grace*, montant en spirale comme le *ziiing grace* de la grivette à dos olive. Le flûtiste invisible rejoue sans fin les mêmes notes, lentement, il travaille – à moins qu'il ne les joue comme une simple célébration, *ziiing grace*, en cascade descendante, en courbe ascendante.

Le son de la flûte a dû parvenir aux passagers dans la cabine, car nous entendons à présent les guitaristes égrener les premières notes d'*Amazing Grace*, pincer les cordes avec hésitation pour trouver dans quelle tonalité jouer ce nouveau morceau, cherchant un registre facile à chanter. Au début, les gens chantent tous ensemble, et seuls quelques-uns connaissent les paroles. Une fois arrivés à la fin, les guitaristes reprennent aussitôt le premier couplet, et cette fois, les gens sont plus sûrs des paroles et des harmonies, et ils se lancent pour trébucher sur le second couplet. Et ils recommencent, encore et encore. La fin de la chanson devient le début, les harmonies se font plus graves et quelqu'un démarre un contre-chant. Pendant ce temps, le bateau remonte la baie, traînant son sillage en longeant des îles plongées dans l'obscurité sur une trajectoire qui nous conduira au port.

Les lumières d'une ville portuaire apparaissent autour de la masse noire d'une île, un croissant de lumières colorées sous les montagnes, et la chanson tourne en boucle. Personne ne veut qu'elle s'arrête. Je ne pense pas qu'il y ait encore quelqu'un qui chante la mélodie. Chacun chante sa partie et seuls les accords demeurent identiques, la densité soutenue de toutes ces voix chantant différentes notes qui s'assemblent d'une façon ou d'une autre en quelque chose d'entier et de beau et de vrai, avançant ensemble à travers le temps et les îles. Sur le pont, nous chantons aussi – sans nous préoccuper vraiment des paroles car l'harmonie elle-même est devenue le sens de la chanson.

*Grâce incroyable* : le bateau glisse le long du brise-lames, à présent juste un espace plus noir dans la nuit noire. *Quelle douce voix* : la baie reflète les lumières de la petite ville – rouges, jaunes, bleues et blanches – et un homme d'équipage se tient à l'avant du bateau, silhouette noire tenant un cordage dans ses mains. *J'étais aveugle* : le bateau s'arrête dans un soubresaut et l'homme lance le cordage sur le quai, où un matelot le passe autour d'une bitte d'amarrage. *Mais à présent je vois*: les dernières traces d'écume balaient les rochers drapés de varech et disparaissent dans la nuit, maintenant que la pluie a cessé et que le clair de lune trace le contour des nuages blancs posés sur les sommets des montagnes, que le clair de lune brille sur le quai glissant, dans cet air qui sent la marée basse et le bois imprégné de créosote, dans les lumières ruisselantes de la ville qui viennent vers nous comme la musique sur l'eau.

# UNE ÎLE AU MILIEU DE LA RIVIÈRE

PRÈS/LOIN

GÉOGRAPHIE

L'île dans la Willamette River est un amas allongé de graviers alluvionnaires portés par les crues depuis les montagnes volcaniques de la chaîne des Cascades. La rivière façonne et refaçonne continuellement l'île en fonction des changements de niveau d'eau et de vitesse. Les crues entassent des matériaux contre le cap de l'île – arbres abattus, sédiments, mottes de gazon arrachées aux berges – et transportent les graviers loin de la pointe. L'île migre donc irrégulièrement vers l'amont.

Les pierres qui composent l'île sont rondes et plates. La force du courant les retourne et les entraîne plus loin, les entassant en couches qui se chevauchent, comme les écailles d'un poisson. De l'aval, cette muraille fait que l'île paraît accidentée ; mais de l'amont, l'île donne l'impression d'être lisse et grise. Avec le temps, la rivière emporte et dépose les graviers, remettant en place toutes les pierres, mais l'île, elle, demeure.

L'île divise le courant, qui s'écoule sur chacun de ses côtés et s'enroule à la pointe. Mais un affluent de la rivière traverse l'île et passe lentement entre les pierres. Cette eau refroidit à mesure qu'elle s'infiltre dans les roches souterraines, atténuant les hausses de température de la rivière. En période de basses eaux, ou quand des embâcles obstruent le lit de la rivière, l'île est rattachée à la rive. Mais lors de crues régulières, sa forme repousse le courant contre la rive, creusant et maintenant le lit qui fait d'elle une île.

Il y a un grand nombre d'îles de cette nature dans la Willamette River, mais celle-ci se trouve à la hauteur du parc municipal de Corvallis, dans l'Oregon, et de plusieurs terrains de football, juste en amont du pont de la rocade et de l'usine de fibres de verre Evanite, et juste en aval du canal d'adduction d'eau pour l'approvisionnement en eau de la ville.

## LES IMPROVISATIONS DE MON CŒUR

Dans ce qui s'avéra être la dernière semaine de la vie de mon père, je pris l'avion pour l'Ohio et le trouvai endormi dans sa chambre avec les stores baissés et les lumières éteintes. Pas de fleurs, pas de Mozart ou de chant d'oiseaux – juste la pièce nue dans une pénombre marron. Cela me surprit, cette pièce lugubre, et je m'en voulus de ne pas être venue plus tôt et d'avoir laissé des infirmières s'occuper de lui. Sans le réveiller, j'allai aussitôt dans le jardin de derrière et coupai des brassées de fleurs de pommier et de lilas que je mis à profusion dans des vases, dont je remplissais sa chambre. Je fis le tour de la maison sur la pointe des pieds et rapportai un magnétophone et la musique qu'il aimait, les chœurs triomphants. Je rangeai son réveil dans un tiroir – un homme sur le point de mourir a-t-il besoin de compter les heures qui passent ? – puis levai les stores afin que la lumière tombe sur les fleurs, et j'ouvris les fenêtres pour laisser entrer l'odeur de la pelouse fraîchement tondue. Mais quand mon père se réveilla et regarda autour de lui, il pleura, parce qu'il pensait qu'il était mort.

Je ne le sus que dans la soirée, lorsque les infirmières qui l'avaient réconforté me le rapportèrent. Elles n'en firent pas tout un plat, me dirent de ne pas me sentir mal – je ne pouvais pas savoir. J'aurais pourtant dû savoir comment prendre soin de mon propre père. J'aurais dû, mais je ne l'avais pas fait. Je vidai la chambre, remis le réveil exactement à sa place, baissai les stores, et m'assis à son chevet dans le noir.

Plusieurs années après, c'est moi qui étais dans un lit d'hôpital, et c'était ma fille qui m'apportait des fleurs et s'asseyait à mon chevet, tout en tricotant une chaussette. Tricoter, qui l'eût cru ? Je pouvais pratiquement entendre les tombereaux passer avec fracas sur les pavés. Chris, son petit ami, était là également, assis dans un coin, en train de lire Homère. Il n'arrêtait pas de se lever d'un bond pour venir me regarder puis retournait s'asseoir lourdement, comme s'il y avait un court-circuit dans son fauteuil. Je me sentais bien, mais j'en voulais terriblement à mon cœur, qui sautait et ruait comme un jeune poulain. Ça m'arrive parfois, c'est tout. Ce n'est pas dangereux, ce cœur qui ne fonctionne pas correctement, mais je n'aime pas quand il se comporte de la sorte, et je commençais à être fatiguée d'attendre que les médecins le fassent plier à coups de médicaments.

On s'ennuie quand on est à l'hôpital. Je regardai le tracé de l'ECG bondir et osciller. Quelqu'un pourrait chanter cette ligne, me disais-je. Notez-la sur une portée musicale et ça pourrait être du Stravinsky. Je me mis à fredonner, à voix basse là où le tracé était plat, mais c'était un chant horrible, martelant et confus, le "Vol du bourdon" drogué.

Le tracé dessinait un horizon déchiqueté – la crête de la Sierra de la Laguna au Mexique peut-être –, un paysage volcanique dans quelque endroit n'ayant subi aucune transformation et où rien n'est prévisible. Où que fût cet endroit, je voulais y aller. Imaginez les lézards que l'on peut voir dans un paysage aussi tourmenté. Des iguanes, j'en suis sûre. Des chuckwallas. Il nous faudrait transporter de l'eau. Mettre des chapeaux. Quand nos enfants étaient petits, nous étions partis en randonnée dans la chaîne des Cascades, à travers un paysage d'ECG comme celui-ci. Les enfants trébuchaient sans arrêt, et les rochers étaient si rugueux, et ça fait mal, de tomber à quatre pattes sur de la lave. Aussi, après avoir retiré nos ceintures, Frank et moi les avions-nous nouées autour de la poitrine de chacun de nos enfants, et nous les tenions par le bout métallique. Si bien que, lorsque Erin et Jonathan trébuchaient, nous pouvions les soulever en l'air avant qu'ils ne heurtent le sol. Ils n'avaient plus rien à craindre et volaient au-dessus des scories comme des anges tout excités.

Cette première nuit dans la maison de mon père, l'infirmière avait doucement ouvert la porte de la chambre où je dormais. Je vis sa silhouette dans la fente de la lumière.

— Qu'est-ce qui se passe ? dis-je brusquement en me redressant.

— Votre père n'arrive pas à dormir, murmura-t-elle. Il se demande si vous ne pourriez pas lui raconter une histoire, ou lui chanter une chanson.

Une histoire ? Chanter une chanson ? À mon père ? Quand j'étais petite, je savais comment aimer mes parents ;

aimer me venait naturellement, comme manger quand on a faim. Lorsque je suis devenue mère, personne n'a eu besoin de me dire comment aimer ma fille et mon fils. Mais là, c'était nouveau, être la mère de mon père. Je ne m'étais jamais sentie aussi perdue. Je m'assis pourtant près de son lit et j'improvisai.

Posant la main sur son bras, comme si j'essayais de l'empêcher de bouger ou je ne sais quoi, je me mis à lui parler de la tondeuse électrique qu'il avait autrefois, celle avec une longue rallonge, et je lui racontai comment il avait roulé dessus avec la tondeuse, la coupant en deux d'un coup net (le bruit sec, le nuage de fumée âcre). Puis je lui racontai comment il avait porté la tondeuse dans le garage pour remplacer le fil et ce qu'il avait dit quand il était passé sur le nouveau fil une semaine après exactement. Pendant tout ce temps, je songeais, Kathy, espèce d'idiote, cet homme est en train de mourir, et les dernières paroles qu'il va entendre, c'est "Tu sentais l'herbe et l'isolant brûlé." Mais il finit par s'endormir, le corps légèrement secoué de sursauts, et plusieurs jours après, il mourut. Il sait à présent si la mort est comme il se l'imaginait – du lilas et des fleurs de pommier, et son réveil disparu.

Quelques années à peine plus tard, je fredonnais le chant discordant de mon cœur, ma fille retournait le bout de la chaussette qu'elle tricotait, et son petit ami lisait dans le coin de la chambre la chute de Troie. Avant la fin de l'après-midi, l'hôpital m'autorisa à sortir en me confiant à la garde de ma fille, comme si j'étais une délinquante juvénile. Il n'y a aucune règle qui dit que votre cœur doit battre régulièrement, déclarai-je aux médecins. Pensez aux syncopes. Pensez au jazz. Mais ils me donnèrent des cachets pour calmer les improvisations de ce cœur et me laissèrent aller chez ma fille. En sécurité dans sa cuisine, j'essayai de lui préparer une tasse de thé, et elle essaya de m'en préparer une, et dans la confusion, nous rîmes beaucoup et pleurâmes peut-être juste un peu.


Il fut un temps peut-être où cela avait du sens de penser que la terre était un parent qui nous avait donné la vie, qui nous avait nourris, calmés, lavés, bercés, instruits et nous avait chanté des chansons. Mais la métaphore devient vite plus compliquée. Combien d'agressions un corps peut-il endurer avant que ses processus naturels de guérison s'épuisent et qu'il commence à changer ? La terre et la mer resteront, mais les grands systèmes qui nous maintiennent en vie – les cycles féconds de la nature, les cycles de réchauffement et de refroidissement, la respiration des plantes, les cycles des saisons, les grands courants des océans – changent sans que nous comprenions comment. Que devons-nous faire, nous, les enfants abandonnés, qui racontons des histoires la nuit ?

Il n'y a pas d'autre solution : nous devons devenir les gardiens des lieux que nous habitons. Nous devons être moralement responsables du bien-être de l'air, de l'eau, de la terre. Et si cela rend nos relations avec la terre compliquées et douloureuses, peut-être n'y a-t-il là rien de surprenant. "Un changement s'impose, écrivait Linda Hogan dans *Dwellings*\*. Assumer le rôle de gardiens est la

---

\* *Dwellings: A Spiritual History of the Living World* ("Lieux d'habitation : Une histoire spirituelle du monde vivant", non traduit en français).

responsabilité la plus spirituelle et physique de notre temps, et cette fonction d'intendant représente peut-être finalement notre place dans le réseau de la vie, notre travail, la solution du mystère de qui nous sommes."

Admettons que vous êtes d'accord. Admettons que vous reconnaissez que les humains ont une obligation de bienveillance envers la terre. Qu'est-ce que cela signifie exactement, ici et maintenant ? Qu'allez-vous faire ? Ce que je veux dire, c'est que ce n'est pas facile à savoir. Vous ne pouvez pas partir du principe que vous savez quoi faire. Tout change autour de vous, et vous n'y pouvez rien, mais ce que vous faites est souvent ce qu'il ne faut pas faire. Et ce que vous faites dans un endroit précis a des répercussions inattendues à une centaine de kilomètres de là, ou en aura dans une centaine d'années.


J'avais apporté comme cadeau à mon père du saumon, du saumon fumé au bois d'aulne, le plus beau des cadeaux que je pouvais trouver là où j'habite. Mais ses reins étaient trop endommagés pour manger salé, et rien que l'odeur lui donna la nausée. J'aurais dû le savoir. "S'il te plaît, me supplia-t-il, débarrasse-moi de ça." Je jetai le saumon dans un sac en papier, sortis dans le jardin par la porte de derrière, et allai jusqu'à la poubelle sous un ciel noir où l'ozone s'introduisait dans l'air raréfié et réchauffé de façon imprévisible par de grands courants de vent. Près de chez moi, de l'autre côté du continent, la Willamette River descendait rapidement le canal bordé de pierres que les ingénieurs avaient construit pour qu'elle coule en ligne droite, fragilisant les noues où poussaient les frênes et emportant les îles. Dans la grande Columbia River, les saumons remontaient lentement vers l'amont à cause des barrages qui bloquaient leur migration. Et dans le jardin de mon père, un pluvier kildir appelait et appelait dans l'obscurité, au-delà de la barrière. Que faut-il faire ?

Mon étudiante m'explique que, chez elle, les gens peuvent dire "Tu es apparenté à ça ?" pour dire, tu comprends ? Elle pense qu'*apparenté* est la prononciation locale d'*appréhender*, dans le sens de saisir par l'entendement ou la perception, mais elle n'en est pas sûre. Elle pense qu'il s'agit d'une sorte de savoir qui est comme la parenté, la compréhension qui vient du fait de grandir dans une famille, de rester proche, de vivre ensemble pendant très longtemps – une manière de savoir qui se confond avec l'amour et l'entente. *Appréhender*, une façon de savoir, qu'on pourrait associer à *apparenté*, une façon d'être lié. Si un tel savoir existe, il est ce dont nous avons besoin, aujourd'hui, pour répondre aux crises écologiques qui font désormais partie de la condition humaine.

C'est peut-être ce à quoi pensait Aldo Leopold quand il disait que bien prendre soin de la terre fait appel à une science humble, une humilité qui prend racine, comme le mot *humus*[*], dans le sol même. Cela a à voir avec l'alphabétisation écologique, la faculté de comprendre de manière basique comment le monde fonctionne. Cela a à voir avec une certaine façon d'ouvrir les yeux et les oreilles, oui, mais le cœur aussi et l'esprit. Cela a à voir avec la

---

[*] Humus, du latin *humus* : sol, terre.

compassion, littéralement, *partager les souffrances d'autrui* – l'imagination morale qui nous permet de ressentir ce que l'autre ressent. Cela a à voir avec le fait d'observer avec respect et admiration, et de grandir ensemble. Le difficile art d'aimer.

Le *care* a de nombreux sens ; un seul ne suffit pas. *To care for* signifie éprouver de l'amour ou de l'affection pour quelqu'un. *To care for* signifie s'occuper des besoins d'autrui. Mais avant l'existence de ces verbes, il y avait le nom, la racine de toutes les formes de *caring*, de bienveillance. *Care* vient du grec *karas*, une lamentation, un chant de tristesse.

J'avais tout cela à l'esprit quand j'essayais de comprendre ce que l'on entend lorsqu'on dit que l'humanité doit être la gardienne de la terre. Que faut-il faire alors ? Je ne suis pas un professeur en train de poser une question ; je n'ai aucune idée de la réponse, et j'ai peur rien qu'en la formulant. Le premier réflexe serait d'improviser sauvagement, faire tout ce que l'on doit faire pour passer à la journée suivante. Mais combien de temps cela peut-il durer ?

Nous n'en faisons jamais assez pour nos parents, et ce n'est jamais le bon moment dans les situations de crise. Mais est-ce que s'asseoir avec eux fait partie de la bienveillance que nous devons manifester – garder notre place dans la famille, être attentif à la souffrance et à la mortalité qui font partie de la vie, raconter des histoires parlant de qui nous sommes par rapport aux gens et aux lieux que nous aimons, et parfois, s'asseoir sans rien dire dans le noir et pleurer.

## L'ÉQUIVALENT MORAL
## DE LA NATURE SAUVAGE

Je pagayais à reculons dans mon kayak, tendant l'oreille pour écouter le clapotis des vagues et les voix étouffées des garçons et des filles qui mettaient leurs bateaux à l'eau dans le noir. Une à une, les embarcations disparaissaient de l'autre côté du lac – deux kayaks, un canoë, un radeau, un doris. La nuit était particulièrement silencieuse et obscure, comme un campement est silencieux et plongé dans l'obscurité une fois le feu éteint. La silhouette des montagnes se découpait contre le ciel à l'est, et la lumière semblait se rassembler dans une faille bien précise. Le lac faisait comme une nappe argentée.

Je commençai à distinguer les bateaux sur le lac – ombres éparpillées, se balançant simplement. À tour de rôle, ils virèrent du côté de la lumière, dessinant des cercles d'argent dans l'eau sombre, puis chacun se plaça face à l'emplacement dans les montagnes où la lune apparaîtrait. Elle se montra en temps voulu ; juste le haut de son croissant bombant entre des sommets noirs, montant crescendo, jusqu'à ce que l'astre entier d'un blanc crémeux jaillisse des montagnes et flotte librement. Lorsque je regardai derrière moi, le lac était moucheté de visages levés, éclairés par la lune.

Ils ne bougèrent pas pendant très longtemps, tous mes jeunes étudiants dans leurs petits bateaux. Puis j'entendis des rames plonger dans l'eau avec un gros plouf et je vis le doris remonter lentement le chemin lumineux en direction de la lune, jusqu'à ce qu'il disparaisse dans son ombre projetée par la montagne. Il pivota ensuite, et mes étudiants surgirent dans la clarté de l'astre. Ils demeurèrent un moment sous sa lueur, sans bouger, puis retournèrent dans son ombre. Se déplaçant avec la lenteur d'un gros bateau, ils allaient et venaient, dans la lumière, dans l'ombre. Au début, je ne comprenais pas ce qu'ils faisaient, puis je m'aperçus soudain que chaque fois qu'ils s'enfonçaient dans l'obscurité, la lune semblait se coucher à nouveau derrière les montagnes. Et quand ils revenaient dans la lumière, elle se levait : formidable illumination qui se couchait et se levait, se couchait et se levait, sans fin.

Alors que la lune naviguait haut dans le ciel et que la nuit devenait plus froide, les bateaux rentrèrent les uns après les autres, les rames frappant l'eau avec un bruit mouillé, les voix murmurant des "Bonne nuit". Je comptai mes étudiants à mesure qu'ils arrivaient. Allen passerait la nuit dans un canoë, oscillant sur cette flaque de lune. Jenna étalerait son sac de couchage dans le pré ; je vis le faisceau de sa lampe torche se promener entre les pins. Lorsque je retournai à ma tente, je passai devant Alicia qui, enveloppée dans une couverture, regardait les étoiles, assise au bord du lac, avec de l'eau jusqu'aux chevilles. Mon Dieu, elle devait être glaciale; tout serait couvert de givre demain matin. Le doris mit longtemps à rentrer. Allongée dans ma tente, j'écoutais le murmure des voix sur le lac. "C'est *quoi* alors la nature?" demanda l'une d'elles, ce qui me fit sourire. "Et elle est *où*?" répondit une autre.

Le lendemain matin, sous un soleil qui nous faisait plisser les yeux, nous nous assîmes pour lire Henry David Thoreau. C'était le cours de philosophie de la Nature. Tous les ans, à la fin du mois de septembre, j'emmène un groupe d'étudiants dans les montagnes. Ils viennent de tous les départements de l'université – de la biologie marine, des sciences politiques, de la géographie, de l'ingénierie forestière, et quelques-uns de la philosophie. Nous campons au bord d'un petit lac dans une forêt de sapins subalpins et de pins blancs, juste sous les éboulis de la Jigsaw Mountain. Dans le pré où nous nous étions réunis, le givre scintillait sur chaque inflorescence et brin d'herbe, et la vapeur montait en volutes du lac.

Une personne "a besoin de la nature sauvage comme un jardin a besoin de son tas de boue des marais", avait écrit Thoreau, et nous étions tous d'accord, là, au milieu de ce pré avec le soleil dans les cheveux, des libellules bourdonnant autour de nous et un gros nuage d'éphémères s'élevant dans la lumière pour un vol extatique d'un jour. Puis nous essayâmes d'imaginer ce que la métaphore signifiait exactement. Qu'est-ce que la boue des marais? Qu'est-ce que la boue des marais pour un jardin? Comment et quand la répandre au mieux? Si les plantes ont besoin de petits tas de boue autour de leurs racines, là où elles vivent et croissent, que signifie cette réalité horticole pour de jeunes gens qui, pendant cinq jours, s'étaient gavés de nature sauvage, l'avalant à grosses goulées, comme s'ils mouraient de faim.

Thoreau poursuivait. "Dans la nature sauvage réside la préservation du monde." Les étudiants remarquèrent qu'il ne consacrait pas beaucoup de temps à parler de la nature sauvage elle-même. Il parlait à la place de ce que la boue de la nature sauvage apporte aux *gens* – l'énergie, la force, le courage, l'indépendance, une nouvelle vigilance, une façon de voir qui affecte les attentes ordinaires, une gratitude joyeuse qui va au-delà de la simple gratitude pour atteindre un état de grâce. Il laissait entendre que si le monde devait être préservé, ce serait dû à la transformation qu'opère la nature sauvage sur les gens, leur force, leur joie et leur résolution morale.

Mes étudiants pensaient comprendre assez bien ce que voulait dire Thoreau, car chacun d'eux avait été transformé au cours de cette semaine et était devenu le genre de personne qui se déplace en canoë, la nuit, sur un lac sauvage, entouré de silence, de la présence de la lune, et de la grâce et de la protection de ses amis. Ils connaissaient cette sensation de crescendo intérieur. Ils connaissaient cette gratitude. Ils connaissaient ce lien étroit avec la nuit éclairée par la lune qui se lève, avec la joie impossible à distinguer de l'amour.

Voici ce qui me faisait vraiment peur: le lendemain, mes étudiants descendraient de la montagne pour leur premier jour de cours dans une université d'État en pleine ébullition. Les voitures qu'ils avaient laissées sur un parking vide seraient coincées entre des pick-up et des vélos, et les caissières à la cafétéria seraient stressées et de mauvaise humeur. Des messages vocaux déverseraient des invitations, et des fêtes battraient leur plein jusque tard dans la nuit. Entre deux bières, mes étudiants se demanderaient, inquiets, comment trouver de la place dans les cours qu'ils devaient suivre, et comment ouvrir un compte en banque sans argent. Et lorsqu'ils appelleraient chez eux pour dire qu'ils étaient rentrés sans encombre des bois – oui, c'était génial, oui, oui –, que seraient-ils en mesure de raconter à leurs parents alors que leurs téléphones portables n'arrêteraient pas de couper, que l'alarme d'une voiture se mettrait à sonner et que la queue pour s'inscrire déborderait dans le couloir ?

Pouvons-nous redescendre de la montagne en emportant les valeurs de la nature sauvage ? Comment nous raccrocher à elles dans nos quartiers ? Ce n'était pas une question futile. Et si c'était vrai, que nous avons besoin de la nature sauvage comme un jardin a besoin de la boue des marais, que la "préservation du monde" dépend d'elle ? Et si c'était également vrai, que la plupart des gens ne vivent plus en pleine nature, que nous n'en sommes pas capables ? Qu'est-ce qui nous nourrira, alors, et nous préservera ?

Est-il possible de trouver à proximité de là où l'on vit "l'équivalent moral de la nature sauvage", comme William James recherchait "l'équivalent moral de la guerre" ? James observa que la guerre, malgré l'atrocité de ses objectifs et de ses conséquences, révèle parfois des caractéristiques humaines auxquelles nous accordons de la valeur : elle peut rendre les gens courageux et altruistes et les rassembler en communautés de dessein. La manière dont la nature sauvage transforme aussi les êtres humains est une chose que nous valorisons : nous revenons d'un séjour dans la nature en pleine forme, disons-nous, et cela a sans doute un lien avec les nouveaux magasins d'alimentation où nous irons désormais, les nouvelles sources de force et de paix, ou peut-être les nouvelles histoires sur qui nous sommes par rapport aux autres et à la lune. Si tel est le cas, en l'absence de lacs profonds et de sommets montagneux dans nos vies quotidiennes, ce dont nous avons besoin dans les villes, c'est de l'équivalent moral de la nature sauvage. Mais qu'est-ce qui pourrait jouer ce rôle ?

Mes étudiants s'éloignèrent en petits groupes, des blocs-notes et des tasses de thé fumantes à la main, et descendirent le sentier qui passait devant un amas de mousse verte, accumulée dans le fond enténébré d'une source. J'aime bien les observer quand ils sont en train de se parler, tête baissée. Entre leurs corps penchés en avant, la lumière scintillait sur le lac. Mais ils étaient à peine partis que je me mis à réfléchir à la question qu'ils avaient emportée avec eux.

J'avais présupposé que la nature sauvage est quelque chose que nous trouvons dans les montagnes et non dans la vallée, quelque chose que nous pourrions peut-être transporter de la nature à la culture, des espaces sauvages à la ville, de loin à près. Mais peut-être est-ce faux. Ne fait-il pas nuit dans la ville ? Ne fait-il pas noir ? La lune ne se lève-t-elle pas au-dessus des clubs d'étudiantes quand elle se lève aussi au-dessus des collines désertes ? L'humidité ne monte-t-elle pas des vastes pelouses et ne s'accroche-t-elle pas aux avant-toits de la bibliothèque, et cette humidité ne sent-elle pas les rivières et la mer? Et quand les étudiants dorment avec dieu sait qui dans des appartements jonchés de boîtes de pizza, la lune n'est-elle pas toujours là, voguant dans la nuit?

La nature sauvage n'est peut-être pas quelque chose que nous avons besoin de descendre de la montagne. Certes, les milieux légalement qualifiés de réserves intégrales sont "là-bas", loin de nos vies quotidiennes. Les cartographes peuvent délimiter cette naturalité. Mais la nature sauvage n'a pas de frontières. Quand il fait chaud l'après-midi, le dioxyde de carbone des villes s'insinue dans les vallées et monte jusque dans les nuages. Dans la fraîcheur de la nuit, l'air redescend, et l'odeur des pins se glisse entre la station-service Chevron et le magasin 7-Eleven, brille dans la lueur des réverbères, murmure entre les valves de nos cœurs. Nous sommes la nature sauvage – le sol, l'eau, l'oxygène, la lumière du soleil. C'est tout ce que nous avons.

Peut-être aurais-je dû poser la question différemment: non pas en demandant comment nous pouvons *apporter* la nature sauvage dans nos vies, mais comment *ne pas oublier de lui prêter attention* dans chaque pore dégoulinant de sueur, chaque carotte cuite, chaque pas ferme dans l'air frais du matin résonnant de pluie, dans les étoiles qui dansent? Ou peut-être que la question est: comment pouvons-nous vivre *comme si nous vivions* dans des espaces sauvages, avec le même respect et la même sollicitude pour ce qui est beau et au-delà de nous?

Après dîner, nous fûmes attirés par le feu de camp. C'est beau, un campement la nuit, avec les petites lampes de poche se déplaçant au hasard dans l'obscurité comme des lucioles à mesure que les gens vont chercher leurs livres dans leurs tentes et enfiler un deuxième pull. À la lueur du feu, des mains plaquèrent soudain un accord sur une guitare. Un faisceau de lumière éclaira les bateaux remontés sur la plage.

En fin de compte, je ne donnai pas mon premier cours ce soir-là – comment éteindre la flamme d'un marshmallow sans l'envoyer de l'autre côté du feu où il atterrira sur la poitrine de quelqu'un. En fait, je ne fis que très peu cours. Un après-midi, l'étudiant en *engineering* nous expliqua pourquoi les vagues s'enroulent autour d'un rocher. L'étudiant en géographie essaya de montrer à l'étudiant en botanique comment lire une carte de sentiers. L'étudiante en ingénierie forestière nous aida à reconnaître les sapins de Douglas – "Ils ont des bandes argentées sous les feuilles, comme les Ferrari", dit-elle. Et pour une raison que je ne comprends toujours pas, l'étudiante en philosophie voulut nous apprendre les paroles d'une chanson qui commençait par "Elle s'appelait Lola." C'est important, à mon avis, que les étudiants se chargent du cours, pas seulement en échangeant des faits – quoique ce ne soit pas négligeable –, mais en faisant preuve de créativité pour nous aider à comprendre avec notre cœur et notre âme. C'est à cela que mes étudiants avaient pensé cet après-midi-là.

Bref, qu'estimons-nous dans l'expérience de la nature et du lointain ? Quelle est cette boue nourrissante dont parle Thoreau ? Pouvons-nous trouver un équivalent à proximité de chez soi ?

— Le silence est une de ses composantes, déclara Stephen, un étudiant en science de l'environnement très grand, qui avait tapissé le toit de sa tente de sacs-poubelles.

"La nature sauvage, c'est une espèce de silence, et le silence est sauvage. On peut descendre le silence de la montagne, ou on peut le trouver en soi – le résultat est le même. Le silence est important parce qu'il nous permet d'entendre.

Si je comprenais bien, la valeur de la nature sauvage que Stephen et son groupe d'études recherchaient, c'était une sorte de prise de conscience, une écoute intense, une manière de ressentir – d'éprouver vraiment – son lien avec le grand lointain. Stephen se pencha au-dessus du feu.

— Nous allons retourner dans un lieu bruyant et ça ne va pas être facile de trouver le silence, c'est pourquoi nous devrions nous entraîner, dit-il. Notre groupe a donc décidé de vous demander de ne pas parler pendant une demi-heure. C'est parti. On vous préviendra quand le temps sera écoulé.

Les étudiants furent surpris ; le silence n'est pas leur fort. Mais ils étaient prêts à jouer le jeu. Certains s'écartèrent du cercle de lumière et se dirigèrent vers le bord de l'eau. Trois d'entre eux se tinrent par les bras et posèrent leurs têtes sur les épaules de leurs voisins. Je m'assis au pied d'un pin dans l'obscurité et regardai le feu jouer sur les visages. Soufflant à travers les pins, une petite brise gagna le foyer et souleva un nuage d'étincelles jusque dans les étoiles. On n'entendit plus rien après, hormis le crépitement du feu et le tintement de la nuit noire, brillante et fragile.

Au début, je voulais que la demi-heure passe vite; nous avions beaucoup de sujets à traiter. Puis, je voulus qu'elle dure indéfiniment: qui sait si ce silence n'était pas notre sujet le plus important. Pour finir, du lac monta une longue plainte, comme le bruit que les montagnes pourraient faire si elles trouvaient le moyen d'exprimer ce qu'un million d'années veut dire. Ce devait être Thom, qui avait emporté une cornemuse entre autres objets indispensables. Je l'imaginais, à genoux dans un canoë, annonçant la fin du silence. Les étudiants revinrent autour du feu, en demeurant toujours bouche close.

— C'est fini, dit Stephen. Vous pouvez parler maintenant.

Mais pendant très longtemps, personne ne dit mot.

— C'est une histoire que mon père m'a racontée. C'est son grand-père qui la lui a racontée. À mon tour, je vais vous la raconter.

Carrie se tenait dans l'obscurité au-delà du cercle de lumière du feu de camp.

— Il y a longtemps, les habitants d'un village dormaient quand ils entendirent un bruit fracassant dans la forêt. Les guerriers se levèrent d'un bond et les enfants se cachèrent sous leurs couvertures. Tout le monde était affolé par le bruit du vent violent, des branches qui craquaient, du tonnerre qui cognait. Le matin, les hommes sortirent pour voir ce qui s'était passé. Ils trouvèrent une longue traînée de branches cassées et la terre complètement retournée. Tous les peupliers avaient quitté la forêt et marché jusqu'au bord de la rivière. C'est là que les hommes les découvrirent. Et personne ne sait pourquoi.

Les étudiants s'agitèrent sur leurs chaises de jardin. Le feu crépita et un flot d'étincelles s'éleva devant les pins.

— Alors, demanda Carrie, quelle est la partie la plus importante de cette histoire ?

Je ne savais pas. Personne ne savait. J'avais peur de deviner. Un étudiant commença à expliquer la relation qui existe entre l'eau et les plantes riveraines, mais sa voix ne tarda pas à s'estomper.

— La partie la plus importante, c'est la dernière phrase ; personne ne sait pourquoi les arbres sont allés à la rivière. C'est un mystère.

Carrie marqua une pause.

— Les mystères sont-ils une bonne ou une mauvaise chose ?

Le silence encore.

— Je pense que les mystères sont une bonne chose. Les grands mystères ne sont pas un ennemi à combattre ou un vide à combler. Ils sont une source de force et de réconfort. L'existence de tant de choses que nous ne comprenons pas, c'est un cadeau que l'on nous fait. Ce grand mystère est ce qu'est la nature sauvage, et la nature sauvage est un grand mystère.

À nouveau le silence, mais nerveux à présent. Le vent me glaçait le dos et je rabattis ma capuche sur ma tête. Le cercle se rapprocha du feu. Puis Franz ajouta une nouvelle bûche d'aulne, et dans une pluie d'étincelles, tout le monde recula légèrement sa chaise.

— C'est bien beau de parler du silence et des mystères, OK, parfait. (C'était Katherine.) Mais le fait est que ce que nous apprécions ici dans la nature, c'est finalement de nous trouver dans un endroit qui est beau, sain et pas complètement foutu – la vue sur une montagne qui n'a pas subi de coupe à blanc et qu'on aperçoit de l'autre côté d'un lac qui n'est pas pollué, les étoiles qu'on voit vraiment, les oiseaux qui ne sont pas bourrés de tumeurs, et une rivière qui n'est pas encombrée de pneus de voiture, de Caddie et de vase. Alors, OK, d'une certaine manière, on peut dire que la nature sauvage est partout, même en ville. Mais ce n'est pas ce que les gens pensent quand ils parlent d'elle ; ils parlent d'un lieu qui n'est pas piétiné à mort. Et il ne s'agit pas seulement de beauté. On détruit un lieu et c'est notre chez-soi qu'on détruit, notre santé, et nos espoirs.

La tristesse chez les étudiants me terrifie. Je ne sais jamais quoi faire.

— Qu'est-ce que cela nous dit sur nos responsabilités ? leur demandai-je.

Je savais que je m'enferrais, mais on ne peut pas amener des étudiants dans un endroit âpre et les laisser là.

— Si Katherine a raison, et si ce que nous apprécions dans notre expérience de la nature, c'est la chance de pouvoir vivre pendant un moment dans un endroit sain, propre et peuplé d'oiseaux, que devons-nous faire alors quand nous descendons de la montagne ?

Ma question resta longtemps en suspens à la lueur du feu.

Mais ce n'était pas un problème pour moi : quand on pose une question, on a au moins une chance d'avoir une réponse. La résolution morale est peut-être la valeur suprême de la nature sauvage, l'éclair violent de lucidité qui nous fait prendre conscience que l'intégrité écologique du monde naturel exige aussi une intégrité morale.

Le lendemain, en quittant la montagne, nous passerions devant plusieurs barrages régularisant le cours de la Willamette River. Bien que se trouvant à une centaine de kilomètres de chez eux, mes étudiants savent quelles conséquences ces obstacles ont sur la rivière; nous avions commencé l'année en parlant de cette île, autrefois plantée d'arbres, et aujourd'hui aride depuis que les barrages retiennent les sédiments qui auraient normalement réalimenté son sol. Ils comprennent le lien entre près et loin.

Entre la nature sauvage et la ville, nous traverserions une succession de paysages écologiques et politiques – depuis les forêts primitives en passant par des zones déboisées et des exploitations forestières aussi inégales et touffues que si un enfant avait tondu le dos d'un chien avec une tondeuse électrique, et par des champs agricoles nivelés au laser, avant d'arriver dans les quartiers où nous habitons. Au cours de la même journée, nous verrions un ensemble de paysages moraux tout aussi distincts. Nous commencerions par des parcelles prônant une éthique de la naturalité, où les gens se sentent tenus de ne pas nuire, et où les randonneurs pénètrent avec respect et exaltation. Et nous terminerions par des maisons bordées de haies, où les gens prennent soin de leur pelouse comme d'un enfant, s'occupant de ses besoins, la faisant belle et robuste. Mais entre les deux s'étend un no man's land moral, où la terre est un simple bien dont les gens ne se soucient guère, ou alors qu'ils méprisent et utilisent dans un but personnel à court terme.

Mais si nous voulons emporter les valeurs de la naturalité quand nous redescendons de la montagne, n'emportons-nous pas aussi notre obligation morale à prendre soin de ce que nous apprécions dans cette nature sauvage, où que nous la trouvions – le silence et le mystère, la beauté, la robustesse des systèmes qui préservent la vie ? Dans un monde si écologiquement connecté, à quoi cela rime-t-il de vivre selon des codes moraux différents dans différents lieux ?

La discussion se poursuivit jusque tard ce soir-là – les voix douces, les étincelles qui volaient, les étoiles qui s'entortillaient dans les pins comme les guirlandes de Noël, et puis un long silence songeur. Marissa, une étudiante en philosophie originaire de Géorgie, finit par se lever, et nous l'imitâmes tous, en cercle autour du feu.

— J'aimerais que tout le monde chante tout bas une note et la tienne, dit-elle. Peu importe la note. Contentez-vous de la fredonner et ne vous arrêtez pas.

Nous nous exécutâmes, jeunes étudiants et leur professeur, debout près du feu, emmitouflés dans l'assortiment le plus bizarre qui soit de manteaux et de mitaines, coiffés de chapeaux que nous n'avions pas ôtés de la semaine. Tout le monde fredonna sa note, et cela donna un drôle d'accord dissonant. Mais petit à petit – et de manière inévitable – les voix s'harmonisèrent pour chanter un long et riche et bel accord tenu. Dans la nuit sauvage, à la lueur du feu de camp, les yeux des étudiants brillaient de larmes.

Alors que le soleil se levait, le lendemain matin, j'entendis de fines couches de glace glisser du toit de ma tente et émettre un tintement en tombant à terre. La poignée de la pompe grinçait rythmiquement tandis que quelqu'un remplissait les seaux pour le café – c'était presque toujours Ina, la première à se lever. Deux garçons, sûrement Todd et Josh, passèrent devant ma tente sur la pointe des pieds et marchèrent jusqu'à un tronc d'arbre qui s'avançait dans l'eau. J'entendis un plouf, puis un autre, une brusque aspiration d'air et des cris étouffés, puis le bruit de pas se traînant vers la rive. Des baskets craquèrent sur le sentier quand Shawna partit, comme tous les jours, à la recherche d'un ours. La porte des cabinets extérieurs cogna. Des geais de Steller chantèrent dans les symphorines. La fermeture Éclair d'une tente s'ouvrit. C'était le matin du dernier jour.

Sujets d'étude

1. Montrez comment :
(a) monter dans un kayak sans mouiller ses baskets,
(b) prévoir les phases de la lune,
(c) trouver le nord,
(d) définir la nature,
(e) distinguer un vautour d'un pygargue à tête blanche en plein vol.

2. Que se passe-t-il quand vous percez une vésicule dans l'écorce d'un sapin Douglas ? Qu'en déduisez-vous ? De combien de façons une libellule voit le monde ? Qu'en déduisez-vous ? Où vont les étoiles pendant la journée ? Qu'en déduisez-vous ? Quelle est la profondeur du lac ? Qu'en déduisez-vous ? Qu'est-ce qui vous importe le plus ? Qu'en déduisez-vous ?

3. Quels sont les points communs et les divergences entre :

(a) le cri du grand-duc et une tempête qui approche,

(b) le chapeau de Todd et une citrouille,

(c) le crépuscule et l'aube,

(d) une larve de libellule et une libellule adulte,

(e) vous dans les montagnes et vous en ville.

4. Dressez la liste de douze changements que vous pourriez adopter dans votre vie pour contribuer au bon développement des quartiers de réhabilitation près de chez vous. Multipliez 12 par 6 369 866 054 habitants. (Si vous répondez à cette question à la fin du trimestre, multipliez par 6 375 882 069.)


5. "Quoi que vous puissiez faire, quoi que vous rêviez, commencez-le. La hardiesse a du génie, de la force et de la magie." Goethe. Expliquez à l'aide d'exemples.

## LES PARABOLES DES RATS ET DES SOURIS

### I

— Une souris a été écrasée, dit Jon en chargeant la tente dans le bateau.

Nous avions campé, Frank, lui et moi, sur un banc de gravier dans la Willamette River, pas très loin de la maison. Je levai les yeux de mes flocons d'avoine.

— De quoi tu parles?
— D'une souris qui est morte sous la tente.
— Morte de quoi?
— Écrasée.

Personne ne parle comme ça.

— Quel genre de souris? demandai-je. Et écrasée comment?

— Une souris sylvestre, je crois, répondit Jon. Salement écrasée.

Je ne fais pas partie de ces gens qui se refusent à donner la mort lorsque c'est nécessaire. Je tue des mouches à coups de tapette. Je plonge des crabes vivants dans l'eau bouillante. Je cogne la tête d'une truite qui vient d'être pêchée. Ces choses-là ne m'embêtent pas vraiment. Mais une souris innocente qui éclate comme un ballon rempli d'eau sous mes fesses tandis que je me retourne dans mon sommeil en rêvant que nous avions adopté une petite fille nommée Guernica – ça, ça me fait de la peine. Je suis sûre que c'est moi qui l'ai écrasée. Je suis en train de rêver que j'ai trop d'obligations à l'université pour m'occuper de la petite Guernica. Une souris est tapie sous mes fesses. Encore une nouvelle réunion au bureau ratée et j'aplatis cette souris comme du carton.

— Elle était sous mon matelas, n'est-ce pas ? dis-je.

Jon ne voulut pas répondre. Mais Frank changea de sujet, ce qui en dit long sur ce qu'il pensait.

— Pourquoi as-tu appelé le bébé Guernica ? demanda-t-il.

— Ce n'est pas moi qui l'ai appelée comme ça. Elle portait déjà ce nom-là quand on l'a eue. Mais j'avais trop de choses à faire pour m'occuper d'elle, c'est pourquoi j'essayais de trouver un moyen de la rendre.

Il y a tellement de choses qu'on ne peut pas expliquer.

— En fait, dit Jon, il y avait pas mal de sang.

Je peux comprendre que sous l'emprise de la gravitation, un être puisse écraser une souris. Ce qui m'est plus difficile à comprendre, c'est comment des êtres humains de bonne volonté puissent faire autant de mal. Non pas, comment est-ce possible de faire du mal – c'est devenu une science chez les humains. Mais comment vivons-nous avec nous-mêmes, comment allons-nous joyeusement notre petit bonhomme de chemin tout en sachant que nous détruisons ce que nous chérissons.

Une souris a été écrasée, disons-nous. La forêt a été détruite. Les oiseaux ont été empoisonnés. Un opossum s'est fait renverser. Tout le monde a passé un bon moment. Bref, on n'agit pas ici, on subit uniquement. Un être humain se promène et les souris défaillent, les arbres se sectionnent d'eux-mêmes et se laissent tomber à terre, les oiseaux dégringolent du ciel, et les opossums explosent en l'air, se transforment en fluides qui s'éparpillent au hasard sur l'asphalte. La voix passive, la phrase où l'agent causal a disparu. Les faits sont déjà assez durs, mais la grammaire, elle, est effrayante.

Les espèces sont en voie de disparition, disons-nous. Mais la vérité, c'est que les espèces ne disparaissent pas toujours, comme les bananes qui s'abîment, ou les bombes qui s'égarent, ou les vieux oncles qui perdent la tête ou vaquent à leurs occupations. Ce sont parfois les décisions des humains qui sont à l'origine de l'extinction des animaux. Extinction : faire qu'un feu s'arrête. Toutes les petites étincelles de vie.

Ce sont des choses qui arrivent, disons-nous. Et parfois, c'est vrai. Mais la vérité, c'est que parfois, ce ne sont pas juste des choses qui arrivent. Parfois, les êtres humains créent délibérément les conditions dans lesquelles il est plus que probable que cela arrive.

Personne ne dit que c'est facile de faire la différence entre ce qui est bien et ce qui est mal. La différence se situe-t-elle dans ce que nous avons *l'intention de faire*, ou dans ce qui *arrive* conséquemment à ce que nous faisons, quelles que soient nos intentions au départ ? Tout le monde commet des erreurs, personne ne peut prédire l'avenir, et notre empressement à rejeter la faute sur une défaillance morale n'est-il pas aussi trop vif? Je réfléchis à cette histoire et je me demande ce qu'elle signifie. Une chose, d'après moi, est claire : je dois me mettre en état d'alerte maximale si je m'entends dire : "Ce n'est pas moi qui ai fait du mal ; le mal arrive autour de moi, c'est tout." Que je le veuille ou non, je suis responsable des conséquences de mes actes. Ils m'appartiennent. La souris m'appartient.

## II

Il y a des années, alors que Frank et moi étions très jeunes et que nous nous trouvions dans un chalet dans le Colorado, toutes les nuits, nous étions importunés par un rat à queue touffue. C'était un adorable rat brun, mais il crottait sur les torchons, courait partout et faisait un raffut du diable, en grignotant du papier d'aluminium et des tasses en polystyrène. Il était également le principal suspect dans la disparition d'une clé d'antivol. Ce n'étaient pas vraiment des crimes passibles de la peine de mort, ce que je pense aujourd'hui, mais à l'époque nous décidâmes de nous en débarrasser avec du poison. En ce temps-là, la mort aux rats était une substance cireuse dans des capsules de bouteille. Imbéciles que nous étions, nous en mîmes deux. Le matin, une des capsules avait disparu, et à sa place, le rat avait laissé une pièce de vingt-cinq cents.

La philosophie occidentale a élaboré toute une théorie morale à partir d'échanges de la sorte. "Un acte est juste s'il crée le plus grand bonheur du plus grand nombre", nous convainquons-nous : le célèbre principe de l'utilitarisme. Donc, tout peut être échangé, tant que vous êtes malin et que vous faites en sorte que la répartition du bonheur soit équilibrée sur le long terme. Construisez un barrage sur la Columbia River, par exemple. Détruisez d'anciennes remontées de lamproie et de saumons rouges, enterrez les sites où les Indiens d'Amérique se sont rassemblés pendant des siècles pour pêcher et prier, tant que vous pouvez montrer sur un graphique comment les bénéfices dépassent les coûts mesurés, par l'irrigation des vergers et la production d'une électricité bon marché dans toute la Californie. Nous faisons le calcul – ça de plaisir, ça de peine –, et si la balance du bonheur est dans le vert, nous nous assurons que nous agissons de façon morale.

Enfin, peut-être est-ce le cas, peut-être pas. C'est compliqué.

Il doit bien exister des choses qui ne peuvent pas être échangées, même contre le bonheur. Certaines choses sont irremplaçables : trop merveilleuses, trop précieuses, trop essentielles pour être échangées contre quoi que ce soit. Ce n'est un secret pour personne. Quel parent échangerait sciemment la santé de son enfant ? Et qu'en est-il de toutes ces choses auxquelles nous accordons de l'importance pour ce qu'elles sont intrinsèquement, et non pas pour ce qu'elles nous apportent ? Les sierras sauvages, et les fleurs des champs qui se couchent contre les rochers quand il y a de l'orage. Le ciel nocturne. Le cycle des saisons. Un vieil homme.

Et même si tout pouvait être échangé, pourquoi le bonheur est-il toujours le bon d'échange qui a le plus de valeur? La théorie du "plus grand bien" repose sur l'idée arrogante et douteuse selon laquelle les êtres humains sont le centre de l'univers, et le bonheur des humains le but de toute création. Les êtres humains s'imaginent que le monde et tout ce qu'il contient – les forêts, les lacs, les grands vols des grues – a été spécialement conçu pour eux de la même manière que les tiques doivent penser que les randonneurs sont le cadeau qu'elles ont reçu de Dieu. Nous sommes tentés de concevoir des politiques arrogantes et de prendre des décisions douteuses, et ensuite nous nous retrouvons à faire au monde naturel ce que les tiques nous font, sauf que les tiques ont la délicatesse de tomber une fois leur estomac rempli. Je ne sais pas : c'est trop pratique de concevoir une théorie éthique qui soutiendrait la race humaine dans sa poursuite acharnée du bonheur et qui oublierait toutes les autres choses dont nous aurions besoin et que nous rechercherions, nous et le reste de la création.

En fin de compte, je ne pense pas que nous puissions échanger ce qui est juste et ce qui ne l'est pas dans une économie de marché libre. Je ne pense pas que l'on puisse se satisfaire de dire : Je ne fais franchement rien de mal, ici et maintenant, tant que ce que je fais apporte le bonheur ailleurs.

## III

Mon père était enfant pendant la Grande Dépression, dans une famille qui n'avait jamais assez d'argent pour satisfaire tout le monde. Il découvrit un moyen de gagner de l'argent dans une publicité sur une boîte d'allumettes pour des souris dansantes. Les souris dansantes sont de petites souris porteuses d'une anomalie génétique qui perturbe leur équilibre. Les souris dansantes titubent donc et tournent en rond comme emportées par une tarentelle enivrée – un divertissement, peut-être, en des temps difficiles.

Mon père mit de côté l'argent qu'il gagnait en distribuant des journaux et commanda un couple de souris par correspondance. Vu la façon dont les souris se reproduisent, il était persuadé d'en avoir une douzaine tous les deux ou trois mois, qu'il pourrait alors vendre en faisant du porte-à-porte. Les gens voudraient sûrement une souris dansante. Quelque temps après, deux souris arrivèrent par la poste, comme promis. Mais elles ne semblaient pas s'apprécier, et au bout d'une semaine, l'une d'elles mourut. Espérant récupérer au moins son investissement de départ, mon père fit le tour du quartier en allant de maison en maison pour montrer ce que savait faire une souris dansante jusqu'à ce qu'il trouve un acheteur – une vieille dame qui vivait seule. Elle lui donna vingt-cinq cents et prit la souris.

— Que s'est-il passé après ? ai-je demandé à mon père.
— Je l'ignore, répondit-il.

L'un des facteurs qui rend le raisonnement moral difficile, c'est qu'un grand nombre de conséquences de nos actes sont invisibles. Ce qui nous intéresse le plus est souvent ce qu'il y a de plus difficile à localiser et à mesurer. Comment la beauté entre-t-elle dans un calcul ? Et le pardon, ou la grâce d'un matin ruisselant de pluie, ou la dignité d'une terre que rien ne vient déranger ? Quelle est la valeur mesurable d'un voisinage ? Quelle unité de mesure utilisez-vous ? Jeremy Bentham, le père de l'utilitarisme, proposa un "utile", mais cela ne marcha pas vraiment. L'économie industrialisée l'a remplacé par le dollar américain. Mais si vous devez donner une valeur monétaire en dollars à tout ce qui existe, le dollar sera en un rien de temps la seule chose qui aura de la valeur. Vous faites vos tableaux en traçant la courbe des bénéfices et des coûts, mais le seul fait de mesurer et d'établir des courbes fait pencher la balance du côté de ce qui peut être mesuré et qui peut figurer sur une courbe, ou du côté de ce qui peut être échangé contre des espèces.

La morale de l'histoire ? À mon avis, c'est : ça ne sert à rien de dire, Je ne fais pas de mal si ce que je détruis n'a pas de valeur monétaire ou si je n'ai aucun moyen de mesurer le résultat de mes décisions. Ce ne sont que des faux-fuyants, ou des dénégations.

## IV

Cette histoire est celle de Jon. Je n'étais pas là, mais je vais tenter de rendre justice à son récit. Dans le camp de recherche situé au cœur de l'Alaska sauvage où Jon travaille tous les étés, une martre des pins bébé s'était retrouvée prisonnière d'un filet de pêche dans un hangar de stockage. Une martre des pins est une grosse belette à fourrure soyeuse, ce n'est pas un rongeur, mais elle s'en rapproche suffisamment pour cette démonstration, je l'espère. Et elle est féroce – le sifflement, les dents qui apparaissent brusquement, la vitesse fulgurante du prédateur. Quand ils entendirent le bébé martre couiner, les deux jeunes biologistes de la vie aquatique se démenèrent pour la libérer. Ils ont l'habitude de relâcher des poissons, mais un mammifère paniqué, c'est une tout autre affaire. Ajoutez à cela la mère martre affolée, tapie en montrant les dents puis se jetant sur leurs chevilles.

J'imagine les cris et les mouvements de côté, les retraites stratégiques et les plans d'urgence, le recours malin aux outils à long manche, les réflexes rapides et les éclats de rire tout aussi rapides, le soulagement et la tournée de bières quand la martre finit par glisser de leurs mains et disparaître. Ce qui me paraît important dans cette histoire, c'est qu'aucun de ces deux hommes ne s'est demandé s'il devait libérer la petite martre et s'exposer aux vilaines morsures pour la délivrer. La seule question, c'était comment faire.

Les philosophes estiment que l'on ne peut pas déduire un *devoir-être* d'un *être*. C'est la vieille "loi de Hume", laquelle a embrouillé la philosophie occidentale depuis le XVIIIe siècle, lorsque David Hume expliqua qu'à partir d'une simple description – voilà comment est le monde –, on ne peut inférer une prescription – voilà comment devrait être le monde. Dans un sens, il a raison : vous pouvez regarder le monde aussi longtemps que vous voulez, l'examiner dans tous les sens et dans les moindres détails, il ne vous révélera pas ce qui devrait être. Mais cela ne signifie pas que vous ne pouvez pas en déduire ce qui devrait être fait. Nous procédons de la sorte tout le temps. Jon a fait ce bond en une seconde, en un temps synaptique, si vite qu'il n'en a probablement jamais été conscient : la martre est prisonnière d'un filet de pêche ; par conséquent, je dois la libérer.

Logiquement parlant, le pont qui relie "ce qui est" de "ce qui devrait être" est une prémisse cachée : si une martre est prisonnière d'un filet, alors je dois la libérer. La prémisse est une description, non pas du monde, mais des convictions morales d'une personne agissant dans le monde. Pour raisonner à partir de faits conduisant à des devoirs moraux, une personne doit prendre position : "Dans ces circonstances, voilà ce que je devrais faire." En prenant cette position, en produisant le lien entre les mondes physiques et moraux, elle se crée elle-même en tant qu'agent moral et elle définit son caractère.

Qui, en regardant une bête poussant des couinements, tournerait les talons, dirait : "Il n'y a aucune obligation morale dans cette scène", et ensuite partirait ? Il n'y a peut-être pas d'obligation morale dans cette scène, mais il y a une obligation morale dans la présence d'une personne dans cette scène, une personne en particulier stoppée net par une série de faits, une personne en particulier qui incarne un ensemble de principes implicites sur qui elle est et sur ce qu'elle doit faire dans le monde. Le jugement hâtif, l'impulsion morale, la prémisse muette affirmant notre position en tant qu'agent moral, le couteau tranchant contre le solide cordage d'un filet de pêche : peut-être est-ce l'unique cadeau de l'humanité à l'univers.

## V

Le trimestre dernier, Viola Cordova vint parler à mes étudiants de la responsabilité morale. Viola était une femme merveilleuse et une amie, une Apache jicarilla enjouée, fumant cigarette sur cigarette et diplômée d'un doctorat en philosophie de l'université du Nouveau-Mexique. Tout est lié, leur dit-elle, et sur le tableau, elle dessina une pierre tombant dans un lac. Les vaguelettes s'éloignaient en cercles concentriques de plus en plus grands et agitaient les massettes près de la rive. Elle marqua une pause pour dessiner les massettes et une flèche montrant comment elles se balançaient délicatement. Les étudiants comprirent que chaque décision qu'ils prennent, chaque action qu'ils font ont des répercussions dans le monde réel, le monde de l'eau et du ciel et de l'effort. Aussi doivent-ils assumer la responsabilité de leurs actes, reconnaître que tout ce qu'ils font ou ne font pas crée le monde tel qu'il sera l'instant d'après. Ils sont les cocréateurs de l'univers, et construisent le monde dans lequel ils vivront.

Une semaine après sa conférence, Viola mourut d'une hémorragie cérébrale. Sa mort fut un choc terrible pour mes étudiants. Ils reprirent leurs notes pour retrouver les idées qu'elle leur avait données, et ils tombèrent tous sur ses dessins au tableau qu'ils avaient recopiés. Des vaguelettes gagnant la rive.


Encore une histoire, mais cette fois qui se termine bien. Notre fille Erin et son amie Jenny mirent un canoë à l'eau sur un lac dans le Wisconsin, après avoir balayé les aiguilles de pin qui s'y étaient accumulées pendant l'été. Une fois loin du bord, une souris sylvestre sortit de la cloison étanche et courut dans tous les sens au fond de l'embarcation.

— Avant que nous n'ayons le temps de réagir, c'est-à-dire avant de grimper sur les sièges et de larguer le canoë, raconta Erin, la souris avait sauté par-dessus bord. Mais elle ne savait pas dans quelle direction aller pour rejoindre la rive et elle nageait en cercles de plus en plus petits. Jenny lui lança un de ces gilets de sauvetage orange et quand elle la guida avec sa pagaie dans la bonne direction, la souris se hissa sur le col du gilet.

Jenny poussa le gilet de sauvetage avec sa petite passagère, Erin pagaya et elles s'acheminèrent en zigzaguant toutes les trois vers la terre ferme. Quand elles furent presque arrivées à bon port, avec le canoë entre le gilet de sauvetage et le rivage, la souris sauta dans le canoë, courut sur un barrot et, une fois au bout, se jeta à l'eau et nagea jusqu'à la berge. Ce que j'aime bien dans cette histoire, ce que j'aime bien m'imaginer dans ma tête, c'est une souris faisant la nage du chien entre les massettes, poussant une minuscule vague d'étrave vers le rivage.

Je ne peux pas dire que je sais tout le temps, ou même souvent, ce qui est juste. Mais je suis quasiment convaincue que quoi que je fasse – ce que je décide de faire et ce que je fais sans l'avoir décidé – façonne le monde et me façonne en tant qu'agent moral. Les humains sont peut-être les seuls êtres de l'univers capables de regret et de résolution. S'il en est ainsi, alors la question la plus importante, c'est comment – par quel type d'éducation ou par quel procédé de développement moral – une personne en vient à créer ces synapses morales, cette conviction que le monde-tel-qu'il-est attend quelque chose d'elle.

## SUR QUOI REPOSE LE MONDE

Le répondeur clignotait quand je rentrai du travail. "Avant tout, je veux que vous sachiez que votre fille va s'en sortir." Je me préparai pour la suite. "Elle a été arrêtée au cours d'une des manifestations contre la guerre. Elle est incarcérée dans la prison centrale de San Francisco."

Frank et moi avions regardé les actualités internationales toute la journée. Mais là, d'un seul coup, il ne s'agissait plus de ce qui se passait dans le monde. Il s'agissait de notre fille et des peurs d'un parent. Qu'allait-elle manger? Comment pourrait-elle trouver le sommeil? Les menottes lui sciaient-elles les poignets?

La veille, j'avais rêvé d'Erin. Elle posait pour un catalogue de vêtements d'extérieur avec d'autres jeunes gens, marchant à grandes enjambées dans les couleurs de l'automne, ses cheveux aussi brillants que des abricots. Elle portait une jupe orange citrouille et s'appuyait en riant contre les autres jeunes gens. Mais elle ne se trouvait plus à présent dans quelque endroit de rêve, saturé de soleil; elle était assise à l'intérieur d'un petit cube de lumière dans une prison obscure.

J'essayai d'imaginer une prison la nuit. Les autres détenues dormaient-elles d'un sommeil lourd, sur le dos, jambes écartées. Ou étaient-elles recroquevillées comme des bébés ? Et notre fille ? Elle devait sûrement être éveillée, assise sur un banc, les bras autour de ses genoux repliés contre sa poitrine. Elle devait avoir froid, dans le noir, comme ça.

Les bébés sursautent s'ils ne sont pas soigneusement enveloppés. C'est ce qu'on nous avait expliqué dans un atelier pour futurs parents, avant la naissance de notre fille. Leur corps est agité de tressaillements et leurs bras battent l'air pendant leur sommeil, et si rien ne les tient, ils ont peur. C'est pourquoi il faut bien envelopper un nouveau-né. Nous tenions notre fille tout contre nous et l'emmitouflions dans des couvertures, aussi serrée qu'un épi de maïs dans ses feuilles.

Nous l'aimions tant et l'élevions avec tant de soins, et n'est-ce pas ce que tous les parents font s'ils en ont la possibilité ? Cours de piano, cours de dessin, siège auto à cent dollars. Quand elle sut conduire, nous cherchions à savoir où elle allait et à quelle heure elle rentrerait. Cela ne nous avait jamais traversé l'esprit qu'elle irait un jour en prison.

Voici les premières paroles qu'elle prononça lorsqu'elle nous appela en PCV depuis la cellule de détention provisoire. "Qu'est-ce que je pourrais dire pour que vous ne vous inquiétiez pas ?"

Quoi dire pour qu'un parent ne s'inquiète pas ?

Dis-nous que tu es dans ton lit, à la maison, hurlai-je, mais Frank me prit le téléphone des mains. Elle lui raconta qu'elle se trouvait dans une cellule de détention provisoire avec une dizaine de femmes. Ce sont des femmes fortes, incroyables, nombre d'entre elles sont des mères et des grands-mères, beaucoup sont très élégantes, habillées tout en noir, dit-elle, et Frank songea que c'était la voix d'Erin qui était forte et incroyable, et que jamais il ne l'avait entendue aussi assurée.

Pour passer le temps, les femmes s'apprennent mutuellement à danser, continua-t-elle. Elles téléphonent à des agences de presse, mais on ne prend pas leurs appels. Des bombes tombent, les journaux ne leur répondent pas, l'injustice et la destruction de l'environnement s'enchevêtrent dans les mailles de la violence et du profit partout dans le monde – et toutes ces belles femmes sont en prison.

La police relâcha Erin à deux heures et demie du matin. Un ami alla en ville la chercher et nous la ramena à la maison.

Les parents ne veulent-ils pas tous le meilleur pour leurs enfants ? *Vous qui êtes aussi parents, répondez-moi, ne feriez-vous pas tout pour vos enfants ?* Pour leur offrir de grandes maisons, nous détruisons d'anciennes forêts. Pour leur offrir des fruits parfaits, nous contaminons leur nourriture avec des pesticides. Pour leur offrir les dernières technologies, nous transformons des vallées entières en décharges de déchets toxiques. Pour leur offrir la meilleure éducation, nous investissons dans des entreprises qui tirent profit de la mort. Pour leur offrir la sécurité, nous leur refusons le droit à l'intimité, le droit de voyager librement, de se rassembler dans le calme. Et pour leur offrir la paix, nous tuons les enfants d'autres peuples ou nous les envoyons à la mort, et nous amassons suffisamment d'armes pour recommencer à tuer les enfants, à les tuer vingt fois si nécessaire.

Nous serions prêts à faire n'importe quoi pour nos enfants sauf la seule chose qui soit essentielle, nous arrêter et nous demander : que faisons-nous et que laissons-nous faire ? Je regardai à nouveau la liste de courses que Frank avait notée tout en parlant à Erin : PAPIER TOILETTE BOURBON FLEURS/ PRISON CENTRALE/ MANIFESTATION CONTRE LA GUERRE/ DÉTENUE/ DAVE 415-516-6372. C'est fou comme les décisions désastreuses que nous prenons sont courantes et ordinaires. Nous vaquons activement à nos occupations, Frank et moi, nous achetons ceci ou cela, nous votons ou ne votons pas, nous brûlons de l'essence ou du kérosène ou du pin fendu – à petite échelle, et dans le court terme, nous faisons en sorte que ça se passe bien pour nos enfants –, oubliant que c'est dans ce qu'il restera du monde qu'ils devront vivre.

Que diront nos petits-enfants ? Je crois que je peux deviner :

> Comment avez-vous pu ne pas savoir ? Quelle autre preuve vous fallait-il pour comprendre que vos vies, vos petites vies confortables, nuiraient autant aux nôtres ?
>
> Pensiez-vous vraiment que vous pouviez faire la guerre à des pays sans la faire à des peuples et à la planète ? Ne vous êtes-vous pas demandé ce que nous boirions, après que vous avez contaminé les nappes aquifères ? Ne vous êtes-vous pas demandé ce que nous respirerions, après que vous avez contaminé l'air ? Ne vous êtes-vous pas arrêtés pour vous demander comment nous serions en sécurité dans un monde empoisonné par la guerre ?

Pensiez-vous vraiment qu'elle n'était qu'à vous seulement – cette belle planète ?

Vous, qui aimiez vos enfants, pensiez-vous vraiment que nous pourrions vivre sans air pur et sans villes saines ? Vous, qui aimiez la planète, pensiez-vous vraiment que nous pourrions vivre sans le chant des oiseaux et le balancement des arbres ?

Et si vous le saviez, comment avez-vous pu ne pas vous en soucier ? Qu'est-ce qui pouvait être plus important pour vous que vos enfants et leurs bébés ? Comment un parent peut-il détruire ce qui est vital et merveilleux dans le monde de son enfant ?

Et si vous le saviez, et que c'était important pour vous, comment avez-vous pu ne pas agir ? Quelles étaient vos excuses ?

Et maintenant, que voulez-vous qu'on fasse ?

Deux jours après sa sortie de prison, nous nous promenâmes avec Erin au bord de l'océan. Sous un promontoire escarpé, nous tombâmes sur un enchevêtrement très élaboré de filets de pêche, de ficelles, de cordes en nylon et de grandes algues. Des balises flottantes étaient écrasées et enterrées, à jamais irrécupérables.

— Voilà à quoi ressemble le monde, dit Erin.

Elle tira sur une corde dans les filets tout en lambeaux emmêlés et recouverts de sable.

— Certes. Mais tu n'es pas obligée d'aller en prison pour dire ça. Il y a d'autres façons, observai-je doucement, sachant que je ferais mieux de me taire.

Elle répondit tout aussi doucement.

— Dans ce cas, il faut que tu me les montres. Ne me les dis pas. Montre-les-moi.

Mon Dieu. Je ne sais pas quoi faire : quoi espérer et quoi craindre, dans quoi investir et à quoi renoncer, sur quoi insister et quoi refuser, comment continuer de vivre à une époque mortifère ? Tout ce que je sais faire, c'est serrer ma fille tout contre moi, glisser mes bras autour de ses épaules. Pour l'instant, c'est ce sur quoi repose le monde.

## APPRENDRE À DANSER

Une fois descendus du pick-up dans un vent glacial, nous étudiâmes la carte qu'un ami avait dessinée au dos d'une enveloppe. Il n'y avait ni numéros de route ni noms de lieux, juste des lignes et le nombre de kilomètres – au cas où, nous avait dit notre ami, la carte tomberait entre de mauvaises mains. Bien. Encore un kilomètre et demi sur une route gravillonnée, puis à droite, puis cinq kilomètres sur un chemin de terre. Nous finîmes par arriver devant un panneau tout rouillé qui se dressait entre des armoises, au milieu d'un carré de gravillons nus. FIN DE LA ROUTE, lut-on.

Pour parvenir à cet endroit, Frank, Jonathan et moi avions traversé les montagnes depuis la vallée de la Willamette jusqu'au haut désert de l'Oregon, cinq heures de route éprouvantes. Le paysage qui s'étendait devant nous était désolé – pas de genévriers, pas de poteaux téléphoniques, pas le moindre ranch, pas la moindre clôture dans quelque direction que ce soit, rien que des armoises, régulièrement espacées. On apercevait une coulée de neige sur les montagnes à l'horizon du côté nord, et ce qui semblait être de la pluie ou de la neige fondue tombant de biais des nuages au sud. Le seul autre élément nous permettant de nous orienter était le vent, qui soufflait fort de l'ouest. Sans arbres se dressant sous lui, le ciel tournait lentement dans le sens inverse des aiguilles d'une montre, un motif compliqué de nuages de pluie et de nuages lenticulaires et de longues traînées de cirrus, et une bande jaune à l'horizon ouest où le soleil s'apprêtait à se coucher.

Comme nous avions une heure à attendre, nous en profitâmes pour planter la tente sur les gravillons entre le panneau et le pick-up. Je fis bouillir de l'eau sur le réchaud, servis une tasse de thé à Jonathan, une autre à Frank, et enroulai mes mains autour de la mienne. Blottie contre le pick-up, sous le vent, j'étais contente d'avoir au moins l'illusion d'une colline dans mon dos – n'importe quoi pour briser les ondulations des prairies.

Dans la lumière qui faiblissait, nous enfilâmes des vêtements chauds puis parcourûmes un peu moins de cinq cents mètres sur le chemin de terre, passant devant un étang d'élevage à sec avant de déboucher sur les armoises. Là, nous nous accroupîmes derrière un muret en rondins de bois. Le vent, qui s'était chargé d'humidité et de fraîcheur hivernale en soufflant sur une centaine de kilomètres ininterrompus de terres hautes, souleva le bord de mon coupe-vent et satura l'air de bruit. Je m'emmitouflai davantage dans ma veste, portai les jumelles à mes yeux et balayai l'espace devant moi. Pour tenter de se réchauffer, Jonathan faisait peser le poids de son corps d'un pied à l'autre, balançant légèrement les genoux de haut en bas comme une marionnette. Frank scrutait les prairies avec de lourdes jumelles de campagne. Sauf erreur de ma part, il n'y avait rien à voir que des armoises et du sable jusqu'aux confins arrondis de la planète.

Puis, comme si un chef d'orchestre avait levé sa baguette, le vent se tut. Un bruant des armoises, puis un chœur de passereaux entonnèrent un madrigal qui emplit l'air d'un léger chant filé. À l'est, une alouette hausse-col lança un *tsii-tsi-tsi*. La lumière s'atténua et tout à coup un tétras des armoises apparut. Il se tint, raide et fier, avec sa collerette d'un blanc éclatant autour du cou. Puis il se dressa jusqu'à atteindre une taille imposante, déploya les plumes de son cou en un parfait flamboiement de blanc, et gonfla deux sacs jaunes à la hauteur de sa poitrine. Les sacs grossirent puis se dégonflèrent dans les plumes, en produisant un bruit retentissant comme un son de timbales. Puis, là où il n'y avait pas eu d'oiseau, un autre tétras surgit brusquement et fit face au premier. Sa queue formait un fuseau de pointes rigides déployées en éventail contre son croupion, et mouchetées de taches blanches éclatantes.

Les deux tétras bombèrent la poitrine et se pavanèrent sur leur arène de danse, le *lek*, l'endroit pour lequel nous étions venus de si loin. Un lek consiste en quelques mètres carrés de désert – des armoises tordues par le vent, des gravillons nus, des brins d'herbe sèche ne présentant aucun intérêt. Pourtant, depuis des générations, c'était cet endroit, précisément, que les tétras avaient choisi, parcourant de longues distances pour danser sur cette aire en particulier.

Des quatre coins de l'horizon, des silhouettes sombres arrivaient, ailes tendues. Une douzaine d'autres tétras surgirent alors de nulle part, déployant des collerettes blanches puis les repliant sous des plumes mouchetées devenues, au fil des générations, de la couleur même de la terre végétale. Ils apparaissaient et disparaissaient comme si un projecteur balayait le paysage, les éclairant à tour de rôle. Se faisant face à quelques pas de distance, ils se dressaient pour se grandir et écartaient leurs plumes au prix d'efforts si grands que, même à quinze mètres d'eux, je pouvais les voir qui tremblaient.

J'essayai de tous les suivre tandis qu'ils se pavanaient autour du lek, mais ils arrivaient à toute vitesse et disparaissaient pour réapparaître ailleurs, me laissant m'énerver avec mes jumelles. Lorsque je ne parvins plus à les différencier des buissons, je renonçai aux jumelles et observai leurs silhouettes dans la lueur du crépuscule. Alors, les derniers oiseaux finirent par s'évanouir. Nous restâmes assis longtemps, euphoriques et silencieux, et peut-être un peu confus d'avoir assisté, sans avoir été invités, à une danse aussi intime et intense.

De retour au pick-up, nous nous tînmes le dos courbé contre le vent et avalâmes des cuillerées de ragoût, nos manches rabattues jusque sur nos mains. Le lendemain, nous retournerions au lek pour l'inspecter en plein jour.

Tout à coup, le vent tourna, soufflant de l'ouest vers le nord, et il se mit à neiger à gros flocons. Nous empilâmes la vaisselle sale contre la roue du pick-up de sorte à pouvoir la retrouver le lendemain matin et nous rentrâmes à quatre pattes dans la tente. Frank tapa contre la toile pour en chasser la neige et nous nous glissâmes dans nos sacs de couchage. Le sommeil ne tarda pas à venir. Pendant la nuit, je fus réveillée par le bruit plus doux de la neige sèche qui glissait le long des parois de la tente, et j'en conclus que la température baissait et que le vent était tombé.

Lorsque mes sœurs et moi étions jeunes, nous dansions dans la cave. C'était juste une pièce au sous-sol, lambrissée de bois, servant à entreposer la table à repasser, les vieux meubles du salon et un déshumidificateur qui ronronnait continuellement. Après avoir fouillé dans les tiroirs de la commode où nous rangions les déguisements – toutes les tenues légères ou soyeuses, vaporeuses ou traînantes, fleuries ou gansées d'or que nous arrivions à obtenir de notre mère par des cajoleries –, nous les enfilions par-dessus nos vêtements, les ceignant autour de nos tailles avec des écharpes attachées dans le dos comme des traînes. Puis nous nous fardions les lèvres et choisissions un nom.

Je m'appelais Mignonnette, et notre groupe Les Trois Fleurs. Nous mettions *Casse-Noisette* sur le tourne-disque et, alors que l'air de la fée Dragée tintinnabulait dans la cave, nous sautions des meubles. C'était notre façon de danser – nous grimpions sur une chaise et sautions à terre, bras écartés, nos écharpes en rayonne flottant derrière nous. Puis, après une rapide virevolte et une révérence, nous nous précipitions sur le dossier du canapé, nous élancions du dossier sur les coussins, et des coussins au sol, dans une envolée d'écharpes. Avec le temps, nous prîmes de nouveaux noms et introduisîmes de nouvelles figures à notre numéro de danse – un plié avant le saut, un pied pointé, un nom qui sonnait mieux.

Quelques années plus tard, notre mère décida que nous devions apprendre les danses de salon et elle parvint à convaincre notre école de faire venir un vrai professeur, Mlle York, dans le gymnase du collège. J'appris donc à danser le fox-trot, le cha-cha-cha et la valse sur le terrain de basket, mais les garçons n'arrivaient jamais à se rappeler les pas, et ce que nous appelions danser à l'école ressemblait beaucoup, par l'aspect et par les gestes, à ce que nous appelions se bécoter.

Lorsque j'étais étudiante à l'université de l'Ohio, mes amis et moi dansions le vendredi soir dans un endroit appelé le L.A.E., le local de l'association des étudiants, un simple garage qu'un distributeur de Coca-Cola rendait plus chic. Nous dansions sur Simon and Garfunkel – *I am a rock/I am an island* – et chantions en même temps, en rêvant peut-être que nous étions bel et bien *une pierre/une île*.

Mais je n'ai jamais su ce que danser signifiait vraiment avant que Frank et moi ne nous installions dans une petite rue bordée d'arbres où vivaient beaucoup de jeunes couples avec enfants. Je ne sais plus comment la tradition avait été lancée, mais une fois par an, tout le voisinage se rassemblait pour organiser une danse de rue. C'était toujours une affaire compliquée qui nécessitait la présence de la police pour bloquer la circulation, et des kilomètres de rallonges. Tout le monde apportait des guirlandes de Noël et les accrochait en travers de la rue. Puis, quand la nuit tombait, que les ampoules de couleur s'allumaient et que le petit orchestre commençait à s'accorder, les familles sortaient de chez elles et dansaient sous les arbres.

Nous dansions des quadrilles et des reels – toutes les danses que l'orchestre pensait apprendre à des gens pour la plupart diplômés d'un doctorat et incapables de distinguer la gauche de la droite. *Red River Valley* et quelque chose à propos de merles, avec un violon et une guitare dans le groupe. Nos jeunes enfants sur les épaules et les bébés ballottés dans des porte-bébés, nous dansions dos à dos et faisions tourner nos partenaires, soulevant dans les airs des grands-mères et des petits de primaire. Deux personnes se dressaient sur la pointe des pieds pour former un pont avec leurs bras, et nous prenions alors un enfant par la main et passions sous le pont avant de revenir sur nos pas et de recommencer. J'avais mal aux joues le lendemain à force d'avoir tant souri – j'aimais tellement cela.

Comment dès lors ne pas avoir de bonnes relations avec les voisins avec qui on a dansé, des gens faisant partie d'une ronde tournoyant dans la rue, sous l'ondoiement des lumières colorées ? Cette rue bordée d'arbres était devenue le cercle d'une famille de familles que nous appelions le Voisinage. Pendant des années, nous nous sommes aidés les uns les autres pour élever nos enfants et nous avons échangé des courgettes contre des pintes de bière les soirs du mois d'août.

Mais c'était il y a longtemps, et une famille a fini par emménager dans un quartier plus chic et les gens ont eu des vies plus occupées ou couronnées de succès, souvent les deux à la fois ; les membres de l'orchestre sont partis pour Portland et un meilleur travail ; et on ne danse plus dans cette rue, et il n'y a plus de Voisinage.

Aussi, Frank et moi nous sommes-nous inscrits à un cours de danse de salon ce trimestre. Frank appréhende d'y aller, mais il le fait pour moi. Le premier cours a lieu demain et je ne suis guère optimiste. Nous sommes connus pour laisser tomber les cours de danse dès l'inscription payée. Mais je pense que c'est important d'essayer à nouveau. S'il y a bien une chose que nous avons besoin d'apprendre, c'est à danser. Frank me rétorque qu'apprendre à réparer la voiture ou s'y connaître en droit fiscal serait plus utile, mais je ne l'écoute pas.

J'envie les gens qui dansent. Mon collègue, Frank Lake, retourne une fois par an sur les bords de la Klamath River pour se joindre au peuple karuk et participer aux danses célébrant la renaissance du monde. Le monde crée les gens, oui, comme une mère crée ses enfants, et il apporte pluie et saumons. Et pour le meilleur et pour le pire, les gens créent le monde, aussi. Ils brûlent les hautes herbes pour planter des prairies à camas\* et cultiver des airelles. Ou ils pratiquent la surpêche du saumon et le surpâturage – cela arrive aussi. Il existe une relation de réciprocité entre les gens et l'endroit où ils vivent ; les gens partagent avec le monde la responsabilité de décider ce que l'année à venir apportera. Les gens et le monde sont les cocréateurs de l'avenir.

Venant des universités et des villes et des ranchs et des ports de pêche, les familles se retrouvent chaque année pour chanter et danser, faisant s'envoler leurs voix, s'envoler la poussière afin de participer à la création du monde nouveau. Danser, m'explique Frank Lake, est à la fois un acte de création et un acte qui célèbre la relation écologique et morale entre les gens et le lieu où ils vivent.

Cela me paraît juste et bien. Et même si je n'appartiens pas à une culture qui danse pour célébrer la renaissance du

---

\* Appelée la "jacinthe des Indiens", *Camassia quamash* est une plante bulbeuse originaire des prairies humides d'Amérique du Nord.

monde, et même si apprendre à danser n'est plus qu'un processus pénible avec des professeurs qui comptent sans fin, Un deux trois, j'aimerais savoir comment célébrer la relation de réciprocité que j'entretiens avec les endroits où je vis, et reconnaître mon rôle dans ce qui se passe ensuite. J'aimerais trouver des manières de créer de nouvelles communautés de renaissance.

Au lever du jour, le désert d'altitude s'étendait gris et bosselé, recouvert de neige. Le ciel était bosselé et gris, aussi, une image inversée du paysage. Nous descendîmes à pied le chemin enneigé, creusé d'ornières, croisâmes les empreintes d'un gros lièvre et tournâmes à nouveau en direction du lek. Je voulais voir cette parcelle de terre en plein jour, la sentir, comprendre ce qu'elle avait de différent. Quelle qualité de sable et de gravillons, quel angle de lumière, quelle convergence des forces en avaient fait l'arène de danse pour tant de générations d'oiseaux ? Mon idée était d'aller jusqu'au centre du lek, de m'allonger sur le dos et de regarder le pan de ciel au-dessus de moi en espérant comprendre ce qui fait qu'un endroit est préféré à tous les autres.

J'eus un moment d'hésitation quand j'arrivai à la lisière du lek où les oiseaux avaient dansé à la nuit tombée. Des ombres grandissaient autour des armoises – vagues et grises, mais un signe de l'aube tout de même. Un passereau chanta. La brise força. Je commençai à comprendre que les oiseaux, en dansant, avaient créé ce lek. Le lieu les avait façonnés, faisant leurs plumes mouchetées et leurs becs forts ; et ils avaient façonné le lieu. Le lek était une parcelle de terre épuisée, raboteuse, pas plus humide ou sèche, haute ou basse, chaude ou froide que les mille autres parcelles couvertes d'armoises que l'on voyait d'ici à l'horizon. Pourtant c'est là que les oiseaux se retrouvaient pour danser. Et en dansant, ils transformaient cette parcelle de terre en une piste de danse. Les humains devraient faire une grande ronde autour de ces lieux-là puis passer leur chemin. Il existe des endroits sacrés sur cette planète, car ils sont le siège de rites cérémoniels.

La terre façonne les gens et leurs communautés, et les gens façonnent la terre. Par leurs actions, les gens transforment la terre en un lieu précieux et en bonne santé, qu'ils peuvent fêter ; ou bien ils la dégradent et la détériorent, faisant d'elle quelque chose qu'ils évitent et méprisent. On *danse* sur la terre là où je vis, mais c'est devenu un horrible marathon pour savoir qui reste debout dans la compétition entre les partisans du développement et les conservationnistes. La danse dure depuis si longtemps que les danseurs sont épuisés. Pourtant ils continuent de danser, mais toujours plus lentement, ils s'appuient sur leur partenaire pour ne pas tomber, posent leurs bras autour de leurs épaules, et ils se balancent, traînent les pieds, titubent, bougeant au son de la musique jusqu'à ce qu'ils renoncent.

Ce que j'aimerais retrouver – ou inventer –, ce sont de nouvelles danses de célébration et de réciprocité. Nous appartenons aux villes et aux vallées fluviales tout comme le tétras des armoises appartient aux déserts d'altitude. Aussi, apprenons à célébrer cette relation à la terre, en tournant et en virevoltant, dos à dos, tous les partenaires, donnez-vous la main s'il vous plaît. Dans les grands espaces, dans les jardins, en pleine nature, sur les places de marché, dans les jardins publics et les cafés, dans nos quartiers, nous pouvons apprendre à danser. Et alors nous pourrons nous rassembler pour fêter en dansant le retour des étoiles dans le ciel, pour fêter en dansant le retour du Voisinage dans les villes, le retour du sacré dans nos parcelles de terre desséchée.

## OÙ DEVRAIS-JE VIVRE,
## ET POUR QUOI JE DEVRAIS VIVRE

Notre petite maison, bâtie sur un terrain de cinq cents mètres carrés, entouré d'une haie de lauriers, est tout près de l'université. Frank et moi allons au travail à pied ; le trajet nous prend huit minutes. Jour et nuit, j'entends la pompe de la cascade artificielle de ma voisine, dont le bruit couvre même celui de la pluie sur mon propre toit. La fenêtre de sa chambre est à trois mètres de la mienne, et quand elle fait tourner son sèche-linge, je respire l'odeur de l'assouplissant pendant des heures. Parfois, je sors par la fenêtre et je grimpe sur le toit-terrasse pour dormir sous l'absence des étoiles dans la lueur rose provenant des serres du campus – pour une raison absurde, probablement toxique. Quand je regarde de l'autre côté de la cour, je peux compter les pages du livre que ma voisine lit sous sa lampe à l'abat-jour en cuir de vache mouchetée.

Je voudrais vivre dans une maison où je peux observer des coyotes par la fenêtre, une petite maison en bois de cèdre avec des baies vitrées se reflétant dans une eau radieuse qui sent le genévrier et la neige fondue. Un endroit si loin de tout que je ne verrais aucune lumière provenant des autres habitations, et si près des étoiles que les constellations disparaîtraient dans des nuages de lumière d'étoiles. Un endroit où le murmure du tarin des pins me réveillerait le matin et où des mésanges à tête noire se poseraient sur ma main. Dans la journée, pendant que je travaillerais, cet endroit chanterait à mon oreille et j'écrirais à la main ses paroles et sa sagesse. Le soir, ma famille viendrait s'asseoir près d'un petit feu et lèverait la tête en souriant doucement quand nos coyotes hurleraient ou que des grues migratrices voleraient dans le ciel en trompetant. Toute ma vie, j'ai rêvé de vivre dans cette maison.


Je suis une naturaliste, nom d'un chien. Depuis Thoreau, les auteurs naturalistes se sont installés dans les bois, délibérément, pour découvrir ce qu'ils ont à nous apprendre. Je connais une naturaliste par exemple qui vit dans une forêt de sapins-ciguë au bord de la baie de Thimbleberry, où des baleines à bosse soufflent des nuages de vapeur d'eau et où l'air salé est si épais qu'il brille dans ses cheveux. Je connais un naturaliste qui vit sur les berges d'une rivière à saumon dans les chaînes côtières du Pacifique et qui, de sa fenêtre, voit la cime d'un sapin de Douglas. Un autre vit dans une maison sur pilotis au-dessus de l'eau. La maison au bout du monde, de Henry Beston. La maison aux longs pieds, de Wendell Berry. Une hutte à soi. La Cabane de William P. Young. Listening Point, le refuge de Sigurd F. Olson. La caravane à la lisière du parc national des Arches, le poste de surveillance des incendies de l'US Forest Service. Sur la falaise d'un canyon rouge, au bord de la Blackfoot River, dans un marais de Cape Cod, sur une île du détroit de Puget, dans la chaîne côtière de l'Oregon sous la brume.

Suis-je la seule naturaliste qui vit en ville ? Je suis farouchement jalouse des écrivains qui se réveillent au chant des oiseaux, et quand je songe à l'avantage que ce doit être pour eux de vivre si près de leurs sources d'inspiration, cela me rend nerveuse. Lorsque je lis leurs essais sur le fait de vieillir chez soi, je suis déprimée et angoissée, je me mets dans des états d'anxiété, tellement j'ai peur de découvrir, quand je viendrai à mourir, que je n'ai pas vécu – exactement ce que prédisait Thoreau. Ou pire, de découvrir que j'ai écrit des textes ennuyeux ou stupides sur des paysages sauvages, comme une salamandre des grottes décrivant un vol de corbeaux.

Vas-y, me dis-je. Il n'y a rien dans ce monde qui t'en empêche. Tu as l'argent ; tu as le rêve. Avoue : tu as même le plan au sol. Trouve un bel endroit. Construis la cabane de tes rêves. Installe-toi là, comme les poètes te conseillent de le faire. Apprends tout sur les arbres, note l'époque où arrivent les oies, étudie les nuages, deviens cet endroit et laisse-le façonner tes pensées et tes mots.


Mais je ne pars pas. Peut-être que j'aime trop mes voisins. Peut-être que je suis trop radine pour faire la navette entre chez moi et mon travail. Franchement, les agents immobiliers me donnent des boutons. Et qui sait, il ne reste peut-être plus de place pour moi, avec tous ces gens qui aiment les espaces sauvages et qui s'y sont installés. D'après mon ami écrivain du Montana, bientôt le dernier amoureux de la nature partira pour le Montana et construira la dernière cabane en rondins sur la dernière parcelle de vingt hectares, et tout l'État penchera doucement et toutes les cabanes glisseront dans le lac Cœur d'Alene.

Il y a dix ans, Frank et moi avons acheté dix-huit hectares le long de la Marys River, dans l'Oregon. Mais ce n'est pas ce que vous pensez : nous n'avons pas acheté ce terrain parce qu'il était beau, même s'il l'est. Nous l'avons acheté comme quelqu'un qui dépenserait vingt dollars pour un chien errant à la fourrière – quelqu'un qui aurait eu le coup de foudre pour quelque chose de vulnérable qui a besoin d'être protégé. Comment pourrais-je alors y construire ma cabane à la Thoreau ? Honnêtement, nous ne savons pas quoi faire de ce terrain. Il est là, c'est tout ; les ruisseaux débordent, les marais à frênes verdissent, les prés se remplissent de lumière, de faucons et de coyotes. Les serpents se multiplient. Et je vis en ville, à une trentaine de kilomètres de là, et je paie mes impôts, et je me dis qu'il y a peut-être une logique dans tout cela ou que c'est peut-être juste idiot.

Je suis désolée d'être de mauvaise humeur. C'est impardonnable. Je suis partagée, c'est le mot qui convient. Voilà ce que je dois découvrir : y a-t-il quelque chose qui attend d'être dit à propos de la nature proche de chez soi ? Peut-on découvrir ce que la nature de nos quartiers a à nous apprendre aussi – ses modèles climatiques et son lierre grimpant, la mousse sous les avant-toits, les jardins de trottoir et les bâches bleues ? Peut-on vivre en ville et écrire des mots "vrais et frais et naturels" – encore Thoreau – avec la "terre qui adhère encore à nos racines" ? Les auteurs naturalistes qui habitent dans les villes sont-ils des oxymores ? Ou pire, des imposteurs ? Pour quelqu'un comme moi, c'est assez important de le savoir.

Afin d'avoir ma dose annuelle de paysages sauvages, je vais tous les ans à Pine Island, une île de rêve baignée par les marées dans une crique cachée. Elle est *très, très* sauvage, "sauvage" quant aux risques de se noyer ou d'être dévoré par les ours. J'aimerais pouvoir y construire une cabane, parce que j'aime bien être protégée, au moins de la pluie, mais ce ne serait pas tout à fait légal. Du coup, nous campons, comme je l'ai dit ; la cuisine est un énorme rondin de bois sur lequel reposent nos ustensiles, et la chambre, une tente que nous dressons – un enchevêtrement de mousse et de racines.

Mais faire la navette entre chez soi et un endroit inhabité auquel on est très attaché pour écrire pendant les vacances d'été, à quoi cela rime-t-il ? Pour se rendre sur cette île sauvage, il faut : un Ford Expedition remorquant un bateau en fibre de verre de 6,70 mètres de long avec deux moteurs hors-bord, un de 200 chevaux et un Evinrude de 8 chevaux, et également un skiff avec un moteur Mitsubishi de 5 chevaux. Deux nuits dans un motel à l'aller et au retour. Quatre mille kilomètres en tout ; 802 litres d'essence – 613 pour le SUV, 189 pour les bateaux. Un cadeau de 402,80 dollars à l'industrie du pétrole. Frank et moi pouvons toujours prétendre que ce niveau de consommation ne nuit pas à la planète – c'est faux – ni aux gens qui pourraient sans doute mieux utiliser cette somme d'argent. Bref, je ne sais pas quoi faire.

L'hypothèse qui serait terrible à envisager, c'est – OK, je le dis – que Thoreau, en s'installant délibérément dans les bois pour y vivre, a peut-être montré le mauvais exemple. Il ne s'agit pas tant du fait qu'il ait construit sa cabane – des milliers de ses compatriotes faisaient la même chose à l'époque – que des raisons qu'il a données, laissant entendre que s'installer dans les bois (concrètement ou métaphoriquement?) est la façon (la seule façon?) de vivre ce qu'est vraiment la vie (biologique ou spirituelle?), de vivre intensément et de sucer la moelle de la vie. Mais pas comme des fourmis, dit-il, pauvres fourmis stupides, et j'ai dans l'idée qu'il parle de moi.

En quoi le monde serait différent si Thoreau avait vécu avec les partisans du mouvement transcendentaliste et s'était rendu à Walden Pond le dimanche, au lieu de faire le contraire? Ses écrits seraient-ils moins choquants et surprenants? Je n'en suis pas sûre, mais je suis à peu près certaine que moins de gens s'installeraient dans les montagnes, ou construiraient la cabane de leur rêve au bord d'un étang, chassant les foulques du Minnesota, la terre aux dix mille lacs et aux centaines de milliers de cabanes construites sur leurs berges.

Je ne suis pas juste. C'est une bonne chose de fonder un foyer dans un bel endroit peu peuplé, et en voici les raisons: premièrement, parce que les gens défendent leur foyer avec une rare pugnacité, et défendre de beaux endroits peu peuplés, c'est une bonne chose et c'est nécessaire. Deuxièmement, si le Nature Writing est une bonne chose qui a des effets bénéfiques – ce qui est le cas – et si vivre près de la terre nourrit les bons ouvrages de Nature Writing – ce que l'on a pu assurément vérifier –, alors les bénéfices de la vie et de l'écriture dans et sur les grands espaces l'emportent sur les nuisances.

Mais surtout, et c'est la raison numéro 3, certaines personnes sont plus heureuses quand elles vivent dans des endroits peu peuplés ; comment cela pourrait-il être faux ? "Votre moral s'améliore ; vous êtes plus franc et cordial, accueillant et déterminé." Je le constate chez moi : je suis méfiante en ville, plus tendue et blanche et infiniment partagée, comme des racines souterraines à l'étroit dans leur pot. Le week-end, je m'empresse de quitter la ville, je respire de grandes goulées d'air pur, je cours enfoncer mon visage dans les buissons de genévriers et les feuilles de symphorine, et ma vie se déploie comme un ciel de montagne. Ce qui est complexe – tendre un collet en ville – offre, en pleine nature, toutes sortes de possibilités infiniment belles. Les idées se clarifient d'elles-mêmes. Je me sens proche des gens qui sont avec moi. Mes bottes dans la terre végétale provenant de la décomposition des aiguilles de sapins-ciguë ou dans la boue intertidale, je suis heureuse. Donc, ça va.

Mais parfois (juste parfois), j'aimerais que mes amis écrivains retournent dans les villes qu'ils ont abandonnées quand il y a eu trop de monde et que tout est devenu trop triste. Nous savons comme les endroits déserts peuvent être beaux, et à quel point ils nous sont précieux, mais le reste ? Quand des écrivains déménagent parce qu'ils ne supportent plus les collines nues, à cause d'eux les gens pensent que l'on *peut* laisser la destruction derrière soi. Et quand, de là-bas, ils écrivent sur la nature, cela devient vraiment difficile d'avoir présent à l'esprit la nature près de chez soi. Je sais que Gertrude Stein s'est plainte qu'à Oakland "il n'y a pas de là-bas, là-bas". Mais il est tout aussi vrai de dire que, où que l'on aille, "il n'y a pas de loin, loin".

Il me prend parfois l'envie d'appeler mes amis écrivains qui ont quitté la ville. Revenez à la maison, leur dirais-je, et écrivez sur les collines qui ont subi une coupe rase et sur les nuits délavées par les halogènes. Revenez à la maison et écrivez sur les familles de bûcherons qui se battent pour défendre leur droit à détruire leurs propres moyens d'existence, sur la réalité virtuelle d'enfants clignant des yeux dans les salles de jeux vidéo. Battez-vous pour les endroits près du centre-ville comme vous vous battez pour ce qui est sauvage et bon. Montrez à vos fidèles lecteurs qu'il est possible de se connecter profondément et utilement avec la terre, sans vivre au bord d'un étang. Montrez-leur qu'il est possible de sucer la moelle de la vie dans les os desséchés et fragiles des villes. N'est-ce pas une noble vocation aussi que d'apprendre à vivre délibérément dans des quartiers, tant qu'il reste encore quelques faits essentiels ? Et d'avoir à l'esprit, au moment de notre mort, que quel que soit le lieu où l'on a vécu, on a vécu dans le monde naturel.

## NOISETTES ET ASTICOTS
## (LES BASES CONCRÈTES DE LA CONFIANCE)

J'étais assise dans le jardin, derrière la maison, et je buvais un verre de vin. C'était le deuxième, mais vu que j'avais passé toute la journée à noter les copies de mi-trimestre, je n'ai pas à me justifier. J'avais commencé à lire les journaux, et très vite les gros titres me déprimèrent. Enron, Worldcom, des entreprises se volant les unes les autres, volant les actionnaires, les clients. Des guerres pour le pétrole, pour l'or. Écœurant. Bref, j'étais assise là et je lançais des Sociables sur la pelouse. Les Sociables sont des crackers : beaucoup d'huile et quelques graines, ce qui est, j'imagine, tout aussi sociable que n'importe quoi d'autre de nos jours.

Frank m'a dit que les geais buissonniers ne viennent pas chercher à manger à l'automne ; il est trop tard dans la saison, leurs petits sont prêts à voler et ils n'ont pas besoin de toutes ces calories supplémentaires. Mais si j'avais envie de lancer des crackers aux geais buissonniers, je ne voyais pas pourquoi je m'en priverais, et s'ils ne les mangeaient pas, les crackers seraient emportés par la pluie qui avait été annoncée pour le lendemain. Je plissai les yeux pour lire les petits caractères sur le paquet : cinquante calories par portion, quantité d'une portion, trois crackers. Jeter les crackers m'éviterait les calories, en tout cas.

Un geai s'affairait dans le jardin, du côté des copeaux d'écorce de bois près de la tonnelle. Il tenait quelque chose dans son bec, quelque chose de foncé et de rond, mais je n'arrivais pas à voir ce que c'était, et je ne pouvais pas rentrer dans la maison pour chercher des jumelles sans l'effrayer. Bref, voilà le tableau. Le geai regardait par-dessus son épaule, comme s'il avait peur, et il fixait les yeux sur le sol. Je veux dire, il les fixait, littéralement. Il prenait un œil et le pointait en direction du sol. Puis il pointait le second dans la même direction. À mon avis, ce doit être horrible de devoir consulter ses deux yeux, les laisser chacun tirer sa propre conclusion et débattre ensuite. Oui. Non. Il y a déjà suffisamment d'incertitudes dans ma vie comme ça : je n'ai pas besoin que mes yeux se comportent comme deux pauvres types qui insistent à tour de rôle pour imposer leur point de vue. De toute façon, le débat n'avait pas dû être concluant, car le geai alla se poser, la bouche pleine, à un autre endroit, qu'il fixa de nouveau.

Pendant ce temps, un second geai observait la scène depuis le rhododendron. Je ne savais pas si je devais alerter ou pas le premier geai. Mais la question devint rapidement sans intérêt, car le second geai, l'intrus, poussa son cri meurtrier.

Si vous ne vivez pas dans une région de geais buissonniers, vous n'avez probablement jamais entendu le cri meurtrier. Je ne l'ai moi-même entendu que quelquefois.

Ce doit être comme dans *Les Griffes de la nuit* pour un geai. Freddy portant un gant avec des lames de couteau au bout des doigts, ou n'importe quoi d'autre – je ne suis pas très fan du film. Le geai intrus sautillait et retombait sur ses pattes, comme si c'étaient des ressorts. Sautillait et retombait. Et poussait ce fameux cri. Le bruit d'une carte à jouer accrochée avec une pince à linge à la roue d'un vélo tournant à toute vitesse. Le bruit d'un bâton que l'on traîne le long d'une clôture. Un bruit boisé. Du bois faisant des gargarismes.

La première fois que j'entendis le cri meurtrier, celui qui l'avait poussé fondit sur un autre geai, à la manière d'un faucon, et l'attaqua. C'était une attaque avicide sérieuse. Les deux geais s'étaient saisis l'un l'autre entre leurs serres et se donnaient des coups de bec jusqu'à ce que je m'approche d'eux et que je leur dise : Ça ne se fait pas, les gars, alors arrêtez-moi ça tout de suite. Ce qu'ils firent. Parfois, il est nécessaire de prendre les choses en main dans son jardin.

Le second geai poussa donc son cri meurtrier. Et le premier prit ce qu'il avait dans le bec, quoi que ce fût – je commençais à me dire que c'était une noisette –, il sautilla jusque sous la tonnelle et fourra la noisette dans la terre. Puis il l'enfonça avec son bec et s'envola.

Une longue pause.

Le second geai fila vers la cachette, il planta son bec dans la terre, et sortit la noisette. Puis il jeta un regard circulaire autour de lui.

C'était du vol. Je venais d'assister à un vol.

Le geai détala alors à travers le jardin, son trophée dans le bec, l'air coupable. Premièrement, me direz-vous, les geais ne détalent pas. OK, il sautillait ; mais on aurait dit qu'il détalait parce qu'il ne battait pas des ailes, et il courait plus ou moins replié sur lui-même, comme s'il cherchait à se faire tout petit.

Peut-être, pensez-vous également, eh bien… qu'il ne s'agissait pas vraiment d'un *vol*, mais d'une *usurpation* ou que sais-je, parce que c'est probablement dans la *nature* des geais de s'approprier des choses, c'est *inhérent* à leur constitution, et je n'ai pas le droit de dire qu'il a décidé de *voler* la nourriture de l'autre gars. C'est juste qu'il est *fait* comme ça, et ce n'est pas comme s'il y avait quelque *agent moral* sur qui rejeter la faute derrière ces yeux. Et qu'est-ce que vous allez faire, hein ? – le mettre en prison ?

Ne commencez pas à le défendre. J'ai vu ce que j'ai vu. Et ne me dites pas que les geais ne se sentent pas coupables. Ce geai-là s'arrêta au milieu du jardin, il regarda d'un côté, puis de l'autre (les yeux qui sont en conflit), il sautilla encore un peu, vite, vite, pour se cacher sous les feuilles d'une courge. Bon, d'accord, il ne s'agissait peut-être pas de culpabilité. Mais il cherchait vraiment à passer inaperçu. (Vous pourriez vous opposer, à ce stade, à mon emploi du pronom "il", mais c'est un comportement masculin. Désolée, mais je ne pense pas que c'était un geai femelle, se sauvant avec son butin.) Donc, il courut comme un sniper de cachette en cachette, tout le long du parterre de fleurs jusqu'au bout de l'allée (derrière la roue avant de la voiture, derrière la roue arrière, derrière un rosier). Il finit par atterrir dans la roseraie et *ses* yeux se mirent alors à prendre les choses en main. L'œil droit examina l'emplacement derrière le rosier, où poussent les amarantes. L'œil gauche examina à son tour.

Ils eurent une petite discussion. Le geai jeta un coup d'œil par-dessus son épaule.

J'étais tapie derrière le van, ayant abandonné ma chaise et mon verre de vin pour voir où le geai allait cacher la noisette. Je ne crois pas qu'il me vît. Il fourra la noisette dans la terre. Puis il arma son bec, qui doit être sacrément solide, et donna deux bons grands coups à la noisette pour l'enfoncer dans la terre. Il regarda ensuite autour de lui, puis derrière lui, guettant sans doute l'arrivée d'autres geais meurtriers, ou peut-être d'un gang rival.

Se déplaçant rapidement, il ramassa un pétale de rose fanée et le posa sur sa cachette. Puis une feuille morte de rosier, mouchetée de noir. Il donna un autre coup de bec. Puis, très vite : trois autres pétales de rose. Pensait-il que personne n'allait remarquer tout cela ? Bien sûr, dans mon jardin, personne ne ferait probablement attention à un tas de feuilles mortes et à des pétales flétris. Mais de mon poste d'observation, derrière la roue gauche de mon van, cela avait tout d'une cachette.

Ma voisine sortit à ce moment-là de chez elle par la porte de derrière et se dirigea vers ses poubelles. Un timing malheureux : débarquer sur la scène du crime alors que le crime est en train de se dérouler. L'œil droit jeta un ultime regard et l'oiseau s'envola dans le treillis au-dessus d'un rosier Cécile Brunner mort. Il sautilla une fois, deux fois, jusqu'à la plus haute latte, sur laquelle il se posa pour profiter des derniers rayons du soleil. Comme si aucun crime n'avait été commis. Comme s'il naissait de nouveau, aussi propre et doux qu'un bébé. Comme si le premier geai ne reviendrait pas un jour où il aurait faim, qu'il serait peut-être même affamé, et s'attendrait, grâce au souvenir parfait dans son petit cerveau, à manger une jolie noisette de sept millimètres, à cent quarante degrés sud-est de la treille, sauf qu'il ne trouverait rien.

Le voleur tourna la tête vers ma voisine. Puis il piqua vers le sol et déterra la noisette en quelques coups de bec. Il sautilla sur toute la longueur du jardin, cacha à nouveau la noisette sous les racines d'une azalée, et s'envola.

Voici la chose la plus étonnante que Frank m'a racontée. Les geais qui volent d'autres geais sont plus susceptibles de penser que d'autres geais les voleront à leur tour. Une scientifique du nom de Nicola Clayton prit deux groupes d'oiseaux – certains geais avaient chapardé des asticots à leurs camarades, d'autres non. Les geais voleurs enterrèrent un asticot sous la surveillance d'un autre oiseau, puis revinrent discrètement plus tard, déterrèrent l'asticot, et le cachèrent ailleurs. Mais les geais dignes de confiance faisaient confiance ; ils ne prirent pas la peine de recacher une fois de plus l'asticot. Cela ne leur avait probablement jamais traversé l'esprit qu'un geai puisse être voleur.

Comment dans ce cas peut-on lire le journal sans s'énerver ? Ce n'est pas si difficile à comprendre. Si vous prenez plus que ce à quoi vous avez droit, les gens ne vont pas vous faire confiance – pourquoi le feraient-ils ? – ou ne prendront pas votre défense. Et (c'est la leçon des oiseaux) si vous prenez plus que ce à quoi vous avez droit, vous ne ferez certainement pas confiance aux autres ; vous êtes bien placé pour savoir à quel point les gens peuvent être sournois. Aussi êtes-vous continuellement inquiet et sur la défensive, et c'est quoi, cette vie-là ?

Pour garder ce que vous avez pris, pour vous protéger des attaques, réelles ou imaginaires, vous devez vous défendre. Les résidences fermées, le mécanisme de verrouillage électrique sophistiqué de la Lexus, l'école privée, les vigiles, le pistolet de bon goût, le transport de troupe, l'arsenal nucléaire. Mais cela demande beaucoup d'argent. Alors vous accumulez de plus en plus, en cachette, vous refusez même d'admettre le concept de "part équitable", sapant toute relation de confiance. Ainsi naissent les ennemis, et bien sûr : vous avez raison d'avoir peur d'eux. Et ainsi de suite.

J'allai jusqu'à l'azalée et je déterrai la noisette dérobée. Je gagnai ensuite la tonnelle et recachai la noisette dans la terre, là où son premier propriétaire la trouverait peut-être l'hiver prochain. Surveiller les noisettes et les asticots allait être un travail à plein temps. Mais comme je l'ai dit, parfois il faut prendre les choses en main dans son jardin.

## FAIRE SAUTER LE BARRAGE

Lorsque Frank et moi avons acheté le terrain qui s'étend sur les deux rives de la Marys River, un petit barrage bloquant la rivière d'une berge à l'autre faisait partie de la transaction. La Marys est une petite rivière qui se jette dans la Willamette River au niveau des collines à l'ouest de la ville. C'est à peine un ruisseau selon les critères de l'Oregon. Quant au barrage, ce n'était pas vraiment un barrage non plus, mais un simple mur de béton d'un mètre de haut construit par un agriculteur pour faire marcher la roue à aubes de sa propre centrale hydroélectrique. Quand nous avons acheté le terrain, l'agriculteur était parti, les prés étaient envahis de carottes sauvages et de fougères, et la roue à aubes avait rouillé et été emportée par le courant. Mais le barrage, lui, était toujours là. Nous décidâmes de le faire sauter.

Même s'il ne servait pas à grand-chose en tant que barrage, il rendait la vie difficile aux truites cutthroat de la Willamette. En période de hautes eaux, elles le franchissaient sans peine pour migrer vers les affluents où elles frayaient. Le problème survenait en période de basses eaux, lorsque la rivière commençait à se réchauffer ; pour retrouver des eaux plus froides et profondes, les truites redescendaient le courant, mais à cause du barrage qui retenait la Marys, elles étaient obligées d'attendre la pluie dans des eaux chaudes et stagnantes. Le barrage stoppait également les canoéistes, qui devaient porter leurs canoës sur le dos à travers de méchantes ronces, ou sauter de leurs embarcations, les hisser par-dessus le barrage, et remonter ensuite – ce qui n'est pas une mince affaire avec un bateau chargé. Mais ce qui m'embêtait le plus, je crois, c'était que l'on puisse penser que ce n'était pas gênant de bloquer une rivière, de la faire taire, de la transformer en quelque chose d'autre, quelque chose rempli de boue et utile à une seule personne.

Il y a dix ans, supprimer un barrage n'était pas un problème politique, et cela ne nous avait jamais traversé l'esprit que cela pose un problème juridique. Quelqu'un avait installé un barrage ; quelqu'un pouvait le supprimer. Alors que nous en parlions, Frank et moi, nous ne faisions pas la distinction entre faire sauter un barrage et le supprimer, le percer ou l'entailler. Nous voulions juste nous en débarrasser, et la dynamite nous convenait parfaitement. Les Pages Jaunes regorgent d'annonces de personnes qui gagnent leur vie en faisant sauter ci et ça – Total Demolition, Inc., desservant la vallée de la Willamette depuis vingt-cinq ans. Nous nous mîmes d'accord avec l'entreprise et payâmes d'avance.

Un bloc de béton au milieu de la route fut ce qui nous alerta en premier quand nous allâmes à la rivière le lendemain de la démolition du barrage. Avant même d'apercevoir la rivière, nous vîmes que des pierres jonchaient le toit de la grange des voisins, et lorsque nous nous faufilâmes entre les ronces pour descendre sur la berge, nous trouvâmes des gravats éparpillés un peu partout. Une barre d'armature tordue dépassait de l'eau, chaque poteau retenant un petit V de brindilles et de feuilles mortes. Les types avaient dû percer des trous dans le barrage, y enfoncer la dynamite, allumer l'amorce, et courir comme des dératés.

Nous nous confondîmes en excuses auprès des voisins, mais ils étaient juste reconnaissants que par quelque miracle obscur, nous n'ayons pas fait sauter la cervelle de leur vache. Pataugeant dans la rivière, nous entreprîmes de scier la barre d'armature avec la scie à métaux que nous leur avions empruntée. Ce fut toute une affaire et à force de nous pencher dans l'eau vaseuse jusqu'aux épaules, nous étions trempés. La rivière était si boueuse que nous n'arrêtions pas de trébucher, tâtonnant avec nos pieds pour trouver les gravats, marquant parfois une pause pour dégager nos tennis de la vase. Pendant tout l'après-midi, nous sortîmes des blocs de béton de la rivière, les disposant aussi artistiquement que possible le long de la berge. Chaque fois que je m'étirais le dos, j'entendais les eaux turbulentes et je sentais la rivière qui se réveillait et qui poussait contre mes jambes.

Si nous travaillâmes dur pour nettoyer le lit du petit réservoir, la rivière travailla plus dur encore, soulevant des nuages de vase des graviers qu'elle charriait vers une plage en aval, là où elle faisait un coude. À la fin de la journée, ce qui avait été une eau stagnante était de nouveau un cours d'eau qui s'écoulait. Épuisés, nous nous assîmes sur les racines d'un saule pour regarder la rivière, qu'un léger soleil émergeant d'entre les nuages et les collines rendait argentée.

J'aimerais pouvoir dire que des truites sautaient dans l'arc-en-ciel au-dessus de l'eau. J'aimerais pouvoir dire qu'il y avait des trompettes. Il n'y en avait pas. Mais de chaque jaillissement et remous, de chaque vague sur les rochers, de chaque jet faible et de chaque ondulation, de chaque déferlement, de toute la boue et de tout le débit d'une rivière en mouvement, montait une musique que nous n'avions jamais entendue à cet endroit-là.

Dix ans après la Grande Démolition, la Marys coule avec force sur un banc rocheux, hésite, puis plonge dans une onde lisse au-dessus du seuil où le barrage se trouvait. Les tas de gravats de béton sont difficiles à voir ; de la mousse et des iris poussent entre eux et les ronces rampent à leur surface dans un enchevêtrement de tiges. Les berges sont toujours marécageuses là où le barrage accumulait l'eau contre elles, cependant quelques saules commencent à prendre racine. La Marys a ses problèmes – ruissellement agricole provenant des prés en amont et des coupes à blanc des collines au-dessus. Mais la truite cutthroat fraie en toute liberté dans les petits affluents en amont et, les bons jours, l'eau coule limpide sous les racines des saules.


Bien qu'ayant été maltraités à maintes reprises, les systèmes naturels de la terre font preuve de bonne grâce – nous donnant chaque fois une deuxième chance, que nous la méritions ou pas. Un saumon se débattant pour remonter une rivière et frayer dans des eaux souillées par les vaches est un don de grâce. Des aulnes qui croissent en verdoyant sur une terre laissée nue par des coupes rases sont des dons de grâce, tout comme l'épilobe. Tout comme les bactéries mangeuses de pétrole et la pluie dans les rues des villes et le soleil perçant à travers la fenêtre d'un hôpital. Les marais ne sont que pardon, filtrant l'eau polluée, stockant le dioxyde de carbone et les chants des grenouilles, abritant les œufs des canards, cachant les petits poissons qui se sauvent. Et une rivière est un agent du pardon, creusant des chenaux dans la vase, construisant des îles, arrosant les saules qui soutiendront ses berges.

Mais les représailles font également partie des systèmes naturels de la terre, quand un acte comporte son propre châtiment. Un glissement de terrain qui dévale dans un bruit de tonnerre la pente abrupte et dénudée, couvrant les cris des corbeaux et ensevelissant les villages. Un thon qui implante du mercure dans le cerveau de l'homme qui l'a gaffé. Des terres agricoles qui cachent des pesticides dans le sol noir pour intoxiquer la prochaine génération d'enfants, les fils payant pour les péchés de leurs pères.

Une terre qui est à la fois clémente et tumultueusement vengeresse soulève toutes les questions de rédemption et de remords qui nous sont familières. Lorsqu'il s'agit de la planète, les bons gestes peuvent-ils être rédempteurs ?

Dans le cours supérieur de la Marys River, un de mes amis fait pousser une forêt d'arbres ancestraux. La forêt primitive, sur ses seize hectares, a brûlé en 1850 lors de l'incendie des Burnt Woods. Les bûcherons ont coupé les quelques arbres qui avaient survécu et lorsque la forêt a fini par repousser avec de grands arbres vieux de cent trente ans, ils les ont de nouveau abattus. Mon ami s'est fixé pour mission de recréer la sombre et archaïque forêt d'arbres géants qui vivaient jadis là et qui ont tous péri. Des scientifiques l'ont prévenu qu'il fallait compter cinq cents ans avant qu'une forêt atteigne sa maturité, mais l'information ne semble pas l'avoir découragé.

Tous les hivers, sa femme et lui commandent des centaines de jeunes plants liés en bottes. Après les avoir chargés dans des sacs de toile mouillée, ils les transportent de l'autre côté des collines et les plantent là où ils pensent que les arbres auraient poussé d'eux-mêmes. Le plant grêle d'un sapin-ciguë sur une souche en décomposition. Une vaste étendue de thuyas géants sur le versant pluvieux d'une colline. Un sapin de Douglas près du ruisseau, et un myrtillier sous son couvert. Pas de rangées régulières espacées de deux mètres ni de sujets clonés alignés. L'homme et sa femme jettent un coup d'œil au paysage, choisissent un endroit abrité, donnent de grands coups de houe dans le sol meuble, tirent le manche en arrière pour faire un petit trou, mettent un jeune plant au fond, le redressent légèrement pour que ses racines soient bien droites, puis tassent la terre afin qu'il puisse pousser pendant cinq cents ans.

Quand arrive le printemps et que le chou puant commence à fleurir dans la zone marécageuse où vivent les castors, ils enfilent des bottes en caoutchouc noires et vont *libérer* les arbres. C'est un mot appartenant à l'art forestier – libérer, affranchir de toute contrainte, comme un oiseau autrefois en cage. Ils s'agenouillent à côté d'un tout petit arbre et retirent l'épaisse couche de feuilles mortes. Des feuilles vert tendre se dressent. Les bonnes années, les principales pousses d'un sapin de Douglas peuvent grandir de trente centimètres ; de quatre-vingt-dix centimètres les très bonnes années.

Quand l'homme et sa femme mourront, le temps et la forêt reprendront le travail là où ils l'ont interrompu. Dans deux cents ans, une tempête abattra peut-être les arbres les plus hauts. La mousse tapissera leurs débris dans les ombres éparpillées des érables circinés. Dans trois cents ans, les plus gros arbres feront trois mètres de diamètre, et leurs racines s'enchevêtreront dans le noir avec les bactéries et les filaments blancs des champignons. Dans quatre cents ans, des lichens pendront de chaque grosse branche et des polypodes réglisse pousseront sur les rameaux. La mousse et l'érable circiné, les bactéries et les champignons, même la tempête, sont des dons de grâce et de renaissance. Dans cinq cents ans, la forêt sera remplie de pardon comme une forêt est remplie de lumière, la preuve que les exactions faites aux forêts ont été pardonnées et que la vie continue.


Le Dr Elton Trueblood, qui enseignait autrefois la philosophie à Earlham College, a écrit qu'une personne "a au moins commencé à découvrir le sens de la vie quand elle plante des arbres d'ombrage sous lesquels elle sait très bien qu'elle ne s'assiéra jamais". J'ai réfléchi à cela. Que les arbres aient le pouvoir de pardonner, de retrouver leur intégrité, en dit long sur les grands systèmes écologiques. Mais le point de vue de Trueblood est important aussi : il en dit long sur les êtres humains, qui s'investissent corps et âmes dans la difficile et interminable tâche d'essayer de réparer le mal fait au monde – non pas pour leur bien à eux, mais pour le bien du monde et le bien-être des gens qu'ils ne rencontreront jamais. Tel est le travail de la rédemption.

Qui sait si le sens de la vie ne finira pas par devenir un verbe, quelque chose qu'on accomplit, un travail, un processus infini, plutôt qu'un état final. Qui sait si ses outils ne sont pas la houe et la dynamite, et si une personne ne découvre pas le sens de la vie le jour où elle enfile des bottes en caoutchouc noires et un chapeau de pluie qui lui fait honte. Qui sait si les êtres humains ne finiront pas par trouver leur but dans la vie, leur raison d'être, en plantant des arbres, en libérant des arbres, en perçant des barrages, en libérant des rivières – et à mesure que les forêts et les rivières renaîtront, en renaissant à leur tour et en se libérant dans le rude mais salutaire travail de l'espoir.

La semaine dernière, j'ai longé la Marys River en voiture jusqu'à la Willamette, et de la Willamette je suis allée aux réservoirs en escalier que les habitants du nord-ouest continuent d'appeler affectueusement la Columbia River. Du côté est de la chaîne des Cascades, c'est une zone d'érosion, une steppe de prairies couvertes d'armoises et de stipes, un empilement de couches de basalte déposées par les coulées de lave et façonnées par les crues pour donner des collines marron à l'aspect velouté, verdoyantes dans les plis en cette journée de printemps, couronnées de nuages s'effilochant et festonnées d'affleurements rocheux et des lignes à haute tension des usines hydroélectriques. Là où la rivière faisait autrefois un virage et tonnait entre les falaises basaltiques, où les Indiens, debout sur des plateformes, attrapaient des saumons dans les tourbillons à l'aide de filets munis d'un long manche, où en 1957, un réservoir noya la rivière en une nuit après qu'on eut fermé les vannes du barrage de Dalles, j'étais sur la pelouse près de l'eau et je lançais des bouts de mon hamburger McBreakfast à une mouette. Il régnait un bruit assourdissant – les camions vrombissant sur la quatre voies, les cloches du passage à niveau, puis les vibrations rapides d'un train vide. La rivière, elle, était silencieuse.

Je ne sais pas quand ce barrage disparaîtra – ni par quel procédé, naturel ou politique. Mais un jour, il sera supprimé. Assise dans ma voiture derrière une clôture métallique qui sépare la route de la rivière, je m'imagine les gens alignés au bord de la Columbia le jour où l'on percera le barrage de Dalles, quand le lit de la rivière s'élèvera lentement dans l'air bleu du désert. De l'eau jaillira de tous les plis, et de gigantesques blocs de basalte apparaîtront, gris et lisses. Les gens s'arrêteront aux points de vue sur la route, ils se tiendront en petits groupes sous les peupliers dans les parcs qui longent la rivière, ils pataugeront dans la vase pour empiler des pierres et faire des cairns sur la berge en pente – une multitude de gens, se rassemblant en silence pour assister à la renaissance d'un cours d'eau.

Les premiers jours, ils n'entendront qu'un murmure, les déplacements de la vase dans l'eau chaude. Mais à mesure que le lac de barrage diminuera et qu'un îlot rocheux divisera le chenal en deux, la rivière hurlera dans les rapides puis se mettra à rugir, un rugissement retentissant qui couvrira les cris des mouettes et les rires des enfants sautant de rocher en rocher, laissant leurs empreintes dans le sable fin à côté de celles des oies, ramassant des vairons dans les flaques d'eau retenues à l'intérieur de vieux pneus abandonnés.

Les gens applaudiront peut-être. Ils prieront peut-être. Ils pleureront peut-être quand ils découvriront la couleur pâle du lit de la rivière, noyé pendant très longtemps. Mais les premières pluies nettoieront les rochers les plus hauts, la première crue creusera un chenal dans la vase. Des becs-de-grue et des balsamorhiza, une plante de la famille des asters, pointeront entre les plaques de boue séchant sur les nouvelles berges, et je sais d'expérience qu'un jour viendra où les racines des saules s'enfonceront de nouveau dans l'eau limpide.

## LE FEU ET L'EAU

Je m'étais toujours dit que lorsque je mourrais, mes enfants disperseraient mes cendres sous les pins aux abords du lac Davis, où nous avons campé pendant vingt ans. Mais il n'y a plus que des cendres, à présent. Des incendies se sont allumés le long de la route derrière le camping, côté est. Poussée par des vents de quarante kilomètres à l'heure, la tempête de feu a franchi la route en un rien de temps et s'est répandue, implacable, sur des kilomètres de pins tordus, embrasant les buissons de manzanita et se déchaînant dans les cimes des arbres. Les équipes de pompiers se replièrent et laissèrent la forêt brûler; que pouvaient-elles faire d'autre avec les flammes rugissant tout autour d'eux?

Pendant deux semaines, d'épaisses fumées et des vents imprévisibles fermèrent les routes qui menaient au lac. Impuissante, je regardais sur Internet le feu se propager, des points rouges encerclant le lac jusqu'à ce que la carte soit entièrement couverte de taches rouges. Mais dès que les pompiers déblayèrent les arbres tombés en travers de la chaussée et retirèrent les barricades, je partis pour le lac, prenant la route des Cascades qui passait par une forêt de pins ponderosa en bonne santé.

Les vitres de la voiture baissées, je sentais l'odeur des épais tapis d'aiguilles de pin, chaude et sucrée dans le soleil. Des pins ponderosa se dressaient au milieu de prés d'herbe verte, d'armoises tridentées, de groseilliers devenant déjà orange. Puis, tout à coup, la couleur disparut. Sur des kilomètres et des kilomètres, je ne voyais plus devant moi qu'une couverture de cendres blanches percée de troncs d'arbres cassés et noircis, et l'ombre d'un corbeau zigzaguant entre les fûts. Une fine colonne de fumée montait d'une souche qui se consumait. Je m'arrêtai à un point de vue sur le côté de la route, marchai dans les cendres, et écoutai.

J'avais adoré le bruit du lac Davis au printemps. Je me souviens de m'être réveillée tôt un matin, il y a des années, sous les pins qui le bordaient. Alors que Frank et nos jeunes enfants respiraient tranquillement près de moi, de grands hérons battaient des ailes en jetant des croassements dans les marécages. Des sittelles à poitrine rousse chantaient dans les pins. Des foulques nageaient en cercle, en s'éclaboussant, et des grues du Canada trompetaient sur la rive opposée, agitant vivement leurs ailes de haut en bas en une danse disgracieuse. Je me souviens du chant des grenouilles ce matin-là, emplissant l'air telle une foule poussant des hourras. Dans un pin, au loin, de jeunes aigles quémandaient sans fin, un bruit grinçant comme des cailloux contre l'acier. Je m'étais alors glissée plus profondément dans mon sac de couchage, au chaud et pleine de gratitude.

Mais là, le silence était si complet que je me frottai les oreilles pour m'assurer que j'entendais encore. Au bout d'un moment, un corbeau croassa. Un criquet solitaire gratta dans le chaume noir. Le vent souleva de la cendre de frêles tourbillons. Mais sans les aiguilles de pin pour transformer le vent en musique, même les tourbillons étaient silencieux. Je restai la tête en arrière et les yeux fermés, cherchant à comprendre comment avait pu disparaître aussi soudainement la vie chantante de ce coin de verdure.

Je suis philosophe de mon état, aussi devrais-je savoir quelle attitude philosophique adopter face à la perte. Le monde fluctue et le changement est la seule constante. Les forêts ne font pas exception; elles poussent et brûlent et poussent à nouveau. Je sais cela. Tout le monde le sait. Il y a presque trois mille ans, le philosophe grec Héraclite reconnaissait la nécessité du changement : on ne se baigne jamais deux fois dans le même fleuve, déclara-t-il. Mais pourquoi pas, j'aimerais bien le savoir. Pourquoi ce qui est beau ne dure-t-il pas toujours?

Tout doit changer, répond Héraclite, car le monde entier est fait d'eau et de feu continuellement en conflit. Le feu progresse et est éteint par l'eau. L'eau déborde et s'évapore par le feu. Et les gens se réveillent et dorment, vivent et meurent, les feux de leur esprit s'embuant sous l'humidité de leur chair. L'été se transforme en hiver, comme le soleil cède la place à la pluie. Les montagnes en fusion jaillissent des mers, et les mers naissent et disparaissent. Les forêts sont réduites en cendres, et des cendres s'élèvent de nouvelles forêts, humides et ensoleillées.

Comme c'est facile d'écrire ces mots, si parfaits en théorie. Mais en réalité, la seule chose qui s'élève des cendres aujourd'hui ce sont les tourbillons. Un pick-up s'arrête au point de vue dans un grondement de moteur. Un homme en descend, inspire profondément puis se tourne vers son camarade. "Regarde-moi ces tourbillons de poussière", dit-il. Et les deux hommes contemplent en silence les cendres qui se soulèvent dans un tournoiement de fines spirales avant de s'aplatir contre le soleil.

Un soir d'août, il y a peut-être quinze ans, Frank et moi nous tenions accroupis sur la plage avec nos enfants, excités et terrifiés à la fois. Nous tressaillions chaque fois que la foudre tombait sur la crête boisée, à cinq kilomètres de l'autre côté du lac Davis. Un claquement retentissant, une vive lueur qui colorait nos paupières en bleu. Puis une flamme vacillait sur la crête et une fine vrille de fumée s'élevait dans les airs. La foudre s'abattit dans la forêt à de multiples reprises jusqu'à ce que le versant de la colline fût moucheté de petites flammes, chacune avec sa traînée de fumée, comme des bougies sur un gâteau d'anniversaire.

Au-dessus de nos têtes, la lune se leva, floconneuse et rouge. La foudre s'éloigna lentement de la crête de lave, scintillant en silence au-dessus des plaines à l'est. Frank borda les enfants dans leurs sacs de couchage, puis s'installa près de la tente pour regarder le lac. Je mis un canoë à l'eau, et un rond rouge se forma autour de la proue. Chaque fois que je tirais sur ma pagaie, une spirale rougeoyante apparaissait et la surface du lac frémissait, agitée de petites rides rouge et pourpre. Je sentais l'odeur de la fumée et de l'eau, des algues légèrement mouillées sur la rive. Peu à peu, tandis que je me balançais dans mon canoë, des nuages noirs s'amoncelèrent et voilèrent la lune, et des vaguelettes vinrent lécher les roseaux. Une pluie fine tomba, faisant un bruit de tic-tac sur l'eau qui passa du rouge au gris, puis, un à un, les feux s'éteignirent.

L'eau avait gagné ce round. Mais je savais que l'heure du feu viendrait.

Pendant quatre-vingts ans, les pins tordus ont poussé sur les terrains marécageux autour du lac Davis, drus comme les poils d'un chien. Quelqu'un mettant délibérément le feu à cette forêt n'aurait pas pu mieux faire que ce que faisaient les arbres eux-mêmes. Empilez du petit bois sous chaque arbre – des tas de branches cassées, dures et argentées et rêches. Répandez par-dessus des aiguilles de pin sèches. Drapez les branches de petit bois de façon à vous assurer que n'importe quel feu de surface monte dans la cime de l'arbre. Laissez le soleil et le vent desséchant cuire la forêt. Ensuite, il suffit d'une étincelle – une foudre sèche, un briquet Bic, un 4 x 4.

Le pin tordu a besoin de brûler. C'est la toute première leçon de science dont je me souvienne.

Quand j'étais petite à Cleveland, quelqu'un envoya par la poste à mon père une boîte à chaussures remplie de pommes de pin tordu. Bien que n'ayant jamais vu de forêt de pins tordus, mon père avait lu ce qui se disait sur ces arbres de l'Ouest américain dans des livres de biologie et dans le journal de Lewis et Clark. Alors que mes sœurs et moi nous pressions autour de lui, il posa les cônes sur une plaque à biscuits et les mit au four. À travers la porte vitrée, nous vîmes, émerveillées, les cônes s'ouvrir avec la chaleur comme des roses, libérant des graines aussi fines que du papier.

Mon père nous tendit à chacune une graine et, ensemble, nous nous extasiâmes devant le miracle des cônes qui restent sur l'arbre pendant des années, serrés comme des poings, jusqu'à ce que, sous l'action du feu qui chauffe la résine, ils s'ouvrent et libèrent les graines pour replanter la forêt brûlée – une forêt obtenue de telle façon que le feu même qui l'a détruite la recrée.

Je peux comprendre les combats entre l'eau et le feu, les cycles de la vie et de la mort, la mort comme une nécessité absolue, nous tous conçus pour mourir – juste ça, exactement –, tout ce que nous aimons conçu pour mourir, comme la forêt de pins tordus est faite pour brûler. Je peux comprendre cela intellectuellement, mais comment cette compréhension peut-elle nous aider à admettre l'idée de la perte?

Le lac Davis a toujours servi de leçon pour mieux appréhender les cycles de la vie et de la mort. Une année, ses eaux montent si haut qu'il déborde et inonde les arbres. Toute la vallée alors miroite – une cuvette étincelante, grouillante de truites et d'éphémères. Une autre année, l'eau est si basse que le ruisseau serpente sur presque un kilomètre et demi à travers une playa jusqu'au cœur voilé du lac rétréci. Les pêcheurs s'appellent pour savoir quel est le niveau du lac. "Où est le lac, cette année?" demandent-ils. C'est chaque fois une déception quand le niveau est trop bas pour sortir un bateau, mais l'eau finit toujours par revenir.

La semaine dernière, j'ai appelé mon ami Allen Throop pour comprendre comment un lac naturel peut déborder une année, pratiquement disparaître l'année suivante, et réapparaître un an après, calme et scintillant, comme si rien ne s'était passé. Allen est géologue ; il aurait tellement aimé être là quand le lac Davis s'est formé. Au départ, il n'y avait qu'une large vallée façonnée par un cours d'eau qu'un millier de minuscules sources alimentaient. Puis la vallée s'est soulevée et la lave s'est épanchée, se fragmentant sur le passage du cours d'eau. Allen aurait tellement aimé voir les panaches de vapeur d'eau et entendre le tonnerre des roches qui éclatent, l'eau du ruisseau stoppant la lave sur son parcours, la lave obstruant le ruisseau, la bataille titanesque entre l'eau et le feu qui s'est jouée là, il y a cinq mille cinq cents ans, bien avant qu'Héraclite arpente les rues de la cité d'Éphèse.

La neige tombe sur les montagnes qui surplombent le lac Davis, fond et suinte de la roche poreuse, se frayant un chemin – peut-être en l'espace de quelques mois, peut-être en une année – dans la montagne jusqu'aux sources qui alimentent le lac. Mais alors que l'eau s'y déverse, de l'eau coule à travers le barrage naturel de lave et le lit du lac. La profondeur du lac dépend de la quantité d'eau qui s'y jette, et de la quantité d'eau qui filtre du barrage et s'échappe du lit fissuré.

En eaux peu profondes, on peut voir les entonnoirs naturels, les "trous aspirants", comme on les appelle dans ma famille, où l'eau coule en spirale dans les fissures de la lave comme dans un siphon. Je suis allée en canoë au-dessus de ces entonnoirs et j'ai regardé l'eau passer du bleu au turquoise, puis à l'indigo, puis au noir profond où elle disparaît, les nuances de couleur s'accentuant à mesure qu'elle est emportée en tourbillonnant. Cela me terrifie, de voguer là où l'eau se retire dans une obscurité préhistorique et un silence total que rien ne vient interrompre, comme si le silence pouvait engloutir une personne avant qu'elle ne soit prête à partir.

Vous pouvez dire que tout cela n'est qu'un processus naturel, que les apparitions et les disparitions sont le résultat de cycles se régulant d'eux-mêmes avec le temps. Une forêt de pins tordus n'est pas simplement l'endroit qui abrite ma tente ; c'est un processus de croissance et de changement – les arbres se transformant eux-mêmes en cendres puis en jeunes plants verts puis en fûts stériles puis en graines dans le vent. Le lac n'est pas simplement un endroit où mes enfants se baignent au milieu des libellules bleues. C'est un cours d'eau qui s'écoule des montagnes sous la lumière jusqu'aux longues et profondes grottes, émergeant dans le lac bleu et plongeant de nouveau dans l'obscurité, tel un serpent sans extrémité. Et qu'est-ce qu'un humain si ce n'est un arrangement de molécules qui étaient autrefois des étoiles ?

Vous pouvez dire que c'est quelque chose de particulièrement humain : cette tendance à penser à tort que les changements naturels sont une perte insupportable. Vous pouvez dire que le chagrin fait partie de la même arrogance, du même égocentrisme qui conduit les humains à mesurer le temps à l'aune de la durée de leurs propres existences, à définir ce qui est réel à l'aune de leurs propres besoins.

Si je pouvais échapper à la durée de ma vie et aux objectifs que je me suis fixés, alors peut-être que je pourrais me convaincre que la différence entre une catastrophe naturelle et un cycle naturel n'est qu'une question de temps.

Aldo Leopold conseillait à ses lecteurs de penser comme une montagne – sur cette échelle de temps. Une montagne ne pleurerait pas plus ou pas moins la perte d'une forêt qu'un humain ne pleure les feuilles d'un chêne qui tombent en tourbillonnant à l'automne.

Mais comment puis-je penser comme une montagne ? Dites-moi : est-ce qu'une montagne sent ses éboulis atterrir à ses pieds, ou entend le sable glisser sans fin le long de son versant ?

Des barricades et des rubans de sécurité fermaient toutes les petites routes menant au lac Davis. Mais Gary Morehead, le chef adjoint des pompiers responsable de la forêt nationale de Deschutes, accepta de m'y conduire. Il me tendit une combinaison ignifugée jaune que j'enfilai, puis, son camion en prise, il contourna la première barricade.

Nous suivîmes un chemin poussiéreux à travers un paysage de troncs d'arbres carbonisés qui pointaient en tous sens de la cendre. C'est là que les bulldozers avaient déblayé une clairière dans la forêt, m'expliqua Gary, une zone de sécurité où les pompiers pouvaient se replier si les flammes les attaquaient. C'est là que la force du vent générée par l'incendie avait cassé net les arbres et les avait envoyés s'écraser dans les flammes. Le camion avança en cahotant jusqu'au site de campement, près du cours d'eau qui alimentait le lac. Quand je descendis de la cabine, mes pas soulevèrent des traînées de poussière. Là, dans la cendre, je vis un foyer de pierre, solide et incongru, et le cadre tout tordu d'une chaise de jardin, projetée les quatre pieds en l'air. Il ne restait plus du panneau, qui indiquait autrefois le ponton, qu'un verrou dépassant d'un poteau évoquant une tige tellement il avait brûlé.

L'incendie généra un vent si violent, me dit Gary, qu'il propulsa un canoë contre un arbre et dirigea les flammes sur lui jusqu'à ce que le canoë fonde sur les branches. Lorsque celles-ci brûlèrent, l'embarcation, réduite à sa structure métallique, tomba contre ce qui subsistait du tronc. Le feu pulvérisa deux nids de chouette tachetée : trop jeunes pour voler, elles avaient sûrement péri. Et la tempête de feu avait avalé le nid des aigles dans l'arbre.

Je marchai d'un pas lourd le long du lac. Où était passé l'endroit, dans les cendres devenues violettes par la férocité du feu, où je m'étais allongée sur des aiguilles de pin avec notre fils qui venait de naître, lui indiquant des parulines à croupion jaune et des mésanges à tête noire ? Je voulais retrouver la roselière dans les eaux peu profondes du lac où Jonathan, qui commençait à marcher, barbotait en essayant d'attraper des vairons ; avant que nous n'arrivions à le convaincre de sortir de l'eau, ses jambes étaient striées de sangsues. Je voulais retrouver l'endroit où Erin s'était construit une petite cabane en tissant des joncs des chaisiers, puis s'était glissée à l'intérieur pour lire Dr Seuss en suivant les mots avec son doigt. Était-il possible que ce soit là, dans cet espace vide, que Frank et moi avions bu du vin autour d'une table de pique-nique en parlant de nos enfants partis à l'université, jusqu'à ce que les étoiles éclatent dans le ciel, ornant de paillettes les pins comme des boules d'un sapin de Noël ?

Une année, cette terre grouillait de crapauds. Une autre, de bébés couleuvres rayées et de boutons d'or. À présent, elle était couverte, jusqu'au bord de l'eau, de chaume noir brûlé. Je me tins près de la crique où Frank et moi gagnâmes le rivage en canoë, un jour de grand vent, le visage battu par des flots de lumière et d'eau. Je me rappelais le vent glacial, le canoë qui refusait d'avancer, l'excitation, les aigles qui tournaient dans le ciel, mais tout ce que je voyais, assise là, c'était le lac reflétant calmement la désolation de l'endroit, comme si toute cette vie – toutes ces heures précieuses, irremplaçables – n'avait pas rugi dans les flammes avant de disparaître à jamais.

Je demandai à Gary si nous pouvions aller au cours supérieur de Ranger Creek, où je me souvenais d'un ruisseau qui coulait le long de la montagne et serpentait à travers des prés fleuris jusqu'au lac Davis. L'idée ne l'enthousiasmait guère, car il n'était pas certain que l'endroit fût sécurisé. Mais il contourna le ruban jaune avec son camion et, lentement au milieu des cendres, il nous conduisit à ce qui était autrefois une saulaie, là où le ruisseau formait un coude.

Je fus surprise par ce que je vis. Des souches encore fumantes, deux semaines après l'incendie. Mais déjà, l'herbe avait repoussé, haute de dix centimètres, et verte comme les grenouilles. Les fourrés de saules avaient brûlé et il ne restait que des moignons noircis qui se dressaient comme une main sortant de terre, les doigts noirs aussi courts que les miens. Mais à l'intérieur de chaque main, comme montant en spirale d'une blessure au creux de la paume, de nouvelles pousses croissaient, leurs feuilles enroulées se déployant. Je vis aussi des oiseaux, des balbuzards pêcheurs, volant au-dessus de l'eau, guettant les truites.

Les sources sortaient de la terre aride en une explosion de vert, étincelantes et miraculeuses dans ce champ grisâtre. Les arbres étaient tombés en travers du ruisseau et avaient brûlé à chaque extrémité, mais entre les berges, les troncs étaient intacts, ombrageant l'eau, et ombragés eux-mêmes par de hauts joncs verts. Partout où l'eau atteignait les cendres, des plantes poussaient – des spirées, des potentilles jaunes comme des boutons d'or et des fougères douces.

Quel est ce monde, pour qu'il possède toutes ces choses ? – la forêt morte et mourante, les os carbonisés de jeunes chouettes, l'eau s'échappant de la terre, l'ancienne neige émergeant enfin et s'écoulant dans la vaste étendue de bleu. Quel est ce monde, pour que la vie et la mort se fondent si parfaitement que j'ai beau chercher au bord de l'eau, je n'arrive pas à trouver l'endroit où la mort finit et où commence la vie ?

Je me tenais là, avec toutes mes couleurs, les veines bleues à mes coudes, la peau rougie sur les articulations de mes doigts, ma combinaison jaune ; debout là, avec tous mes bruits, mes inspirations et mes expirations, le vent rabattant mon col. Mais un jour, mes enfants porteront mes cendres, grises et muettes, pour qu'elles s'envolent dans un tourbillon de poussière silencieux. Et où seront les couleurs alors, et le bruit d'une personne qui respire ? Ce silence, si difficile à comprendre.

Dans le monde en perpétuel changement dont parle Héraclite, ne rêvons-nous pas tous d'une pause dans la rivière, un remous, où l'eau ralentit et remonte vers l'amont en décrivant des cercles, longuement, tranquillement, avant de rejoindre le courant ? Voilà ce qu'était le lac Davis pour moi – une paisible ronde des saisons, un lieu où le monde semblait aller pour se reposer. Un endroit où ma famille pouvait revenir, année après année, comme les grues revenaient, comme l'eau revenait, et les fleurs jaunes de la purshie tridentée. La constance du lac m'avait rassurée, la fiabilité du cycle de la vie.

Mais dans cet endroit verdoyant de cendres et de sources, je commençais à comprendre que le temps ne peut pas s'écouler en cercle, revenir là où il était avant. Le temps est emporté dans une spirale, et tourne et tourne encore – la ronde des saisons, l'écoulement des sources froides, la croissance d'une forêt ou d'un enfant –, mais il ne revient jamais au même endroit.

Et ne devrais-je pas être reconnaissante ? Que les oiseaux nichent de nouveau dans la cuvette du lac Davis, même si ce couple-là de chouettes ne prendra plus jamais son envol ? Que les arbres grandissent de nouveau près du ruisseau, comme mes petits-enfants grandiront sur les berges vertes du cours d'eau. Que les fourrés de saules frémissent au petit matin avec la glace, les chants des carouges à épaulettes, le lent déploiement des ailes d'une libellule. Et que nous, qui aimons ce monde, tremblions devant la beauté de la spirale qui nous a amenés ici et le mystère de la spirale qui nous emportera.

## QUATRE HISTOIRES D'AUTOMNE

### I. Géranium de jardin
*(Pelargonium hortorum)*

PAR un matin d'octobre brumeux, j'étais sortie de bonne heure pour rabattre les géraniums à côté de mon garage. Puis je taillai les chrysanthèmes à la base, entassant les feuilles mortes à leurs pieds. Les tiges des pétunias étant devenues trop longues et fines, je les supprimai et les jetai dans le sac à végétaux. En tirant d'un coup sec, je séparai le feuillage des glaïeuls de leurs bulbes, laissant un parterre nu. Quand le sol serait un peu plus sec, je déterrerais les bulbes avec une fourche, me débarrasserais de ceux qui sont pourris et replanterais les plus gros le long du mur de la maison exposé au sud.

Mes rosiers bataillaient. Les quelques boutons qui restaient avaient affaire à forte partie – brouillard bas, températures avoisinant les 5 °C, et crachats de coucou brillants laissés par les pucerons. Les mésanges buissonnières et les mésanges à tête noire qui pullulaient dans les buissons s'en gavaient. J'écrasai des pucerons entre mon pouce et mon index jusqu'à ce que le bout de mes doigts soient verts et gras.

Les livres disent d'arrêter de couper les fleurs fanées des rosiers en octobre pour laisser les cynorrhodons grossir, un processus qui leur indique plus ou moins qu'il est temps de s'installer pour l'hiver, d'arrêter de s'acharner autant, de canaliser leur énergie dans les racines, et d'abandonner la floraison jusqu'à l'année suivante. Mon corps aussi grossissait, aussi avais-je des sentiments mitigés envers mes rosiers. J'étais tentée de leur donner une nouvelle dose d'émulsion de poissons, de leur dire de se secouer, d'essayer encore, de prendre des risques. L'hiver serait peut-être tardif cette année. On aurait peut-être encore le temps pour un dernier tour.

Je taillai sauvagement la clématite des haies. C'est une plante de film d'horreur, qui croît à la vitesse de la jungle, se traîne par terre comme une bête au dos cassé, grimpe dans les houx jusqu'à engloutir la cime. Je ne savais pas trop quoi penser de cet envahissement, car c'était le houx de mes voisins, et je reconnais avoir à leur égard des sentiments peu charitables depuis qu'ils ont attaqué à la tronçonneuse la haie de laurier qui protège mon jardin, derrière la maison. Mais je finis par tirer et couper, laissant les feuilles mortes et les branches s'amasser à mes pieds. La fin de la saison étant toute proche, la rancœur faisait partie de ces choses que je ne voulais plus voir chez moi.

La rubrique de conseils en jardinage dans le journal du matin me suppliait de faire du compost avec mes débris végétaux, mais j'hésitais. Mon voisin a peur de la mauvaise odeur qui pourrait monter des tas de compost et, de toute façon, j'en étais venue à croire qu'il valait mieux éviter de lire les rubriques de conseils en jardinage à l'automne. À mesure que les températures matinales baissent et que le brouillard ensevelit les érables, les conseils deviennent de plus en plus apocalyptiques. Déblayez vos débris végétaux de vos jardins sinon des virus incuberont dans les feuilles en décomposition et se répandront comme la peste sur la terre. Débarrassez-vous des limaces avec un poison anti-limace, fauchez le mille-pertuis, arrachez les tubercules, vaporisez de la bouillie sulfocalcique, le royaume de Dieu est proche. Mildiou poudreux, feu bactérien, cloque du pêcher, taches noires, chenilles et rouille, et peut-être n'est-il effectivement plus très loin.

Mais alors même que les ipomées tricolores noircissaient et mouraient autour des boutons de camélias, ces derniers étaient déjà aussi épais que des pouces et montraient une bordure rose. En dessous, de minuscules feuilles disposées en paires tapissaient le sol. C'était peut-être de l'ansérine blanche, mais en même temps ça pouvait être le départ de myosotis qui m'arriveraient aux genoux en avril. Je ramassai les feuilles qui s'étaient éparpillées sur les jeunes plants et les portai à la poubelle. Puis je retirai mes gants et m'étirai le dos. Le pardon, l'oubli, la douceur flottaient dans le brouillard qui se déversait le matin dans les jardins, adoucissant les couleurs – la lumière indistincte, l'odeur des feuilles en décomposition, l'allure détendue et endormie des parterres de roses.

## II. L'algue chara
*(Chara chara)*

Autrefois, j'aimais toutes les odeurs. L'odeur du matin me réveillait avec le sourire – l'air frais comme les soies du maïs cru, froid dans mon nez. J'aimais l'odeur des habits sous un fer à vapeur. De l'ail en chemise cuisant au four. Et de la mer! J'allais en voiture jusqu'à la plage juste pour respirer. Mes enfants se moquaient de moi. "Ah, sentez-moi l'odeur de la conserverie de poissons!" s'extasiaient-ils, mais c'était vrai: j'aimais l'odeur de l'air salé et gorgé d'eau le long de la baie où des convoyeurs remontaient des montagnes de crevettes des cales des chalutiers, l'odeur de l'air chargé de créosote et d'iode. Et les odeurs de mes enfants, qui changeaient chaque année: l'odeur du lait au début, et de la lessive, puis de l'herbe fraîchement coupée dans le jardin des voisins, de la sève de pin et de l'huile pour machine à coudre, l'odeur des agendas tout neufs, des poires et des restes dans les lunch-box, puis l'odeur des parfums et celle, vague et flottante, des cigarettes. Les maisons de leurs amis avaient toute une odeur différente, et je savais sans le leur demander où ils étaient allés.

À l'époque, il n'y avait pas de mauvaises odeurs. Mais ces derniers temps, je me suis mise à remarquer l'odeur de mes étudiants. Ils sentent l'air frais pour la plupart, les cheveux mouillés, la laine mouillée, la bonne goulée d'air du dehors qui franchit la porte avec eux quand ils ont traversé à pied le campus. Mais certains mettent un après-rasage que je ne supporte pas; je crois que c'est ça. Alors je mens: "J'ai un rendez-vous de l'autre côté du campus, voulez-vous bien m'accompagner, nous en profiterons pour parler." Et nous marchons en débattant de Spinoza, tête baissée et les pans de nos manteaux serrés pour nous protéger des intempéries, tandis que la pluie emporte l'odeur dans les égouts.

Un souvenir que j'ai gardé de mon enfance, quand j'avais peur la nuit et que j'allais dans la chambre de mes parents, c'est celui de l'odeur de mélasse des gens qui ont respiré toute la nuit dans une pièce fermée. Et lorsque mon père est tombé malade, c'est de sa terreur des odeurs dont je me souviens, sa fureur contre les infirmières négligentes, son chagrin à mesure qu'il devenait de plus en plus un corps et de moins en moins un esprit, jusqu'à n'être plus qu'un corps, qui se mit à fermenter lui aussi, libérant ses cellules dans la chambre. Je ne voulais pas alors qu'il respire quelque odeur que ce soit, sauf peut-être celle de la pluie, ou des moteurs hors-bord.

Aujourd'hui, je peux être maniaque par rapport aux odeurs. Il m'arrive certains jours de me déchaîner dans la maison. Je jette les bouteilles de bière acide et lave les poubelles de recyclage au savon. Je frotte l'endroit où se trouve la corbeille à papier et branche un ventilateur pour refouler l'air par la fenêtre du sous-sol. Quand mes enfants viennent pour Thanksgiving, je fais bouillir des oranges avec de la cannelle et j'allume un feu pour chasser l'odeur de l'air confiné de tous les coins de la maison. Ils ne passeront pas la porte en pensant, Ça sent comme dans les vieilles maisons. J'avais oublié à quel point elle est vieille.

Et tous les ans, en octobre, je retourne au bord d'un lac qui se déploie au pied d'un vaste escarpement couvert de pins ponderosa dont l'odeur fait penser à celle de la crème au caramel. À la tombée du jour, je mets mon kayak à l'eau. Je m'assois seule dans ma petite embarcation, contre laquelle tapent les vagues qui se forment avec le vent du soir. Lorsque le soleil commence à décliner, j'arrive à distinguer une odeur particulière, qui m'évoque le souvenir de tant d'années et de tant de cours d'eau. C'est une algue verte, à mon avis. Peut-être la *chara*. Si mon père était encore en vie, il me dirait son nom. C'est une odeur verte, l'odeur dense de l'eau après que le soleil a disparu derrière les montagnes.

Je pagaie jusqu'à l'endroit où l'ombre de la montagne se déplace à la surface du lac, puis j'avance lentement avec elle à mesure qu'elle gagne la rive est. C'est là que l'odeur monte de l'eau, exactement là où la nuit recouvre le jour. Des engoulevents volent bas, en rasant l'eau. Des grives mauvis chantent. Je pagaie juste assez vite pour suivre la progression de l'ombre, juste assez vite pour aller à la même allure que la Terre qui tourne sur elle-même.

### III. Souris sylvestre
*(Peromyscus maniculatus)*

Il y a quelques années, Frank et moi avons passé tout un mois d'octobre dans une cabane au bord d'un petit lac. Ç'avait été une année de sécheresse. Sous l'abri à bateaux, on pouvait voir des rochers que personne n'avait vus depuis longtemps. Les feuilles des bouleaux, jaunes et cassantes, tombaient prématurément, et le marais de massettes, asséché, n'était plus qu'une cuvette au sol craquelé. Évidemment, nous nous doutions que l'eau du puits aurait le goût de l'eau au fond d'un puits. Aussi, pour être sûrs de pouvoir la boire sans danger, nous la faisions bouillir et masquions son goût infâme avec du café ou du thé. Quand la pompe finit par ne plus rien aspirer, nous soulevâmes le couvercle du puits, jetâmes un coup d'œil au cercle de pierres et découvrîmes trois souris mortes – des poils noirs tout emmêlés et une nappe de graisse, flottant sur le peu d'eau qui restait.

J'avais donc goûté la mort. J'y avais lavé mes cheveux, je m'étais tenue debout avec des flaques de mort autour de mes pieds et je m'étais savonné le corps. Je l'avais fait bouillir pour le thé. Je l'avais versée sur du café fraîchement moulu et l'avais bue avec un toast. La mort a un goût âpre, noir. L'écorce bouillie et des canettes en aluminium ont peut-être le goût de la mort – si l'écorce et les canettes sont restées longtemps sous une couche de feuilles et de neige.

### IV. L'érable rouge
*(Acer rubrum)*

Il y avait autrefois, dans notre quartier, une dame au dos voûté, avec une longue mèche de cheveux blancs qui lui retombait sur le visage. Elle était si courbée qu'elle aurait pu passer sa vie à regarder le sol, sauf qu'elle relevait parfois la tête comme si elle l'accrochait en l'air, et, en la tournant plus ou moins sur le côté, elle parvenait à voir toute sa pelouse. Elle habitait le pâté de maisons voisin, aussi les enfants et moi passions-nous devant chez elle tous les jours sur le chemin de l'école. Nous ne la voyions pas beaucoup en hiver et au printemps. Mais en octobre, elle était toujours dans son jardin, ramassant les feuilles, une à une, à mesure qu'elles tombaient. Une feuille rouge tournoyait avant de toucher terre. La tête tordue vers le ciel, la vieille dame la regardait tomber. Puis, le haut du corps penché en avant, elle marchait jusqu'à elle, la ramassait, et la portait dans un boisseau sur sa véranda. Si elle consacrait toute sa journée à cette tâche, elle arrivait à garder son avance sur les feuilles, en en ramassant une, puis une autre.

Erin et Jonathan l'appelaient la Dame aux Feuilles. "Bonjour", disaient-ils tous les matins. Mais elle ne les entendait sans doute pas, car elle ne se détournait pratiquement jamais de son travail qu'elle menait imperturbablement. "Pourquoi elle n'utilise pas un râteau?" murmuraient-ils une fois que nous nous trouvions à distance respectueuse de sa maison. Franchement, je l'ignorais. On pourrait penser que ça casserait le dos de n'importe qui, de se pencher, de ramasser une feuille, de se pencher, de ramasser une feuille. Mais peut-être qu'elle ne pouvait pas tenir un râteau dans ses mains, peut-être qu'avec son dos courbé, l'angle d'inclinaison de son corps n'allait pas du tout.

"Ne pourrait-on pas entrer discrètement chez elle pour ramasser ses feuilles?" demandaient les enfants, et je ne connaissais pas la réponse à cette question non plus. S'agissait-il d'un travail, m'interrogeais-je, ramasser chaque feuille, ou s'agissait-il d'autre chose? "Vous pouvez le lui proposer", leur disais-je, mais ils ne le firent jamais. Une fois, après une tempête, une troupe de boy-scouts envahit son jardin, se déploya en commandos et nettoya la pelouse en un quart d'heure, empilant les feuilles dans la rue pour le balayeur municipal. Mais cela ne changea rien, semble-t-il, car elle était dehors le lendemain, comme elle l'avait toujours été, attendant la prochaine feuille qui tomberait.

C'est la fin de l'histoire.

La Dame aux Feuilles doit être morte, j'imagine, ou alors elle est partie en maison de retraite et puis elle est morte. Quoi qu'il en soit, longtemps après son départ, des peintres en bâtiment sont venus et quelqu'un d'autre s'est installé dans la maison. Nos enfants sont entrés au lycée puis ils sont allés à l'université. Aussi n'ai-je pas eu souvent l'occasion de passer devant la maison de la Dame aux Feuilles, et aucune raison de penser à elle.

Mais un jour, à l'automne dernier, j'étais agenouillée dans mon jardin, coupant les feuilles mortes des asters qui donnaient encore des fleurs, quoique pas beaucoup. Comme des feuilles d'érable rouge s'étaient aussi amoncelées sur la bruyère, je les ôtai et en débarrassai les tiges. Les grives à collier sifflaient – étrange, si près de l'hiver – et les rayons obliques du soleil filtraient à travers la haie. "Je ferais mieux de me lever et d'aller chercher le râteau", me dis-je. Mais je n'en fis rien. Je restai à genoux, ramassant les feuilles une à une, ratissant la terre avec mes doigts.

Si j'avais utilisé un râteau en bambou, j'aurais pu rassembler toutes les feuilles en deux, trois amples gestes du bras. Le sol aurait été égalisé et des lignes parallèles seraient apparues sous mon râteau, les feuilles auraient formé un tas à l'avant des dents, et je n'aurais plus eu qu'à soulever et jeter toute une râtelée de feuilles dans la poubelle. J'aurais pu passer ensuite à autre chose.

Mais si tout ce qu'on a envie de faire, c'est ramasser des feuilles ? Si on a envie qu'une journée d'automne dure aussi longtemps que possible ? Si on a envie d'être dehors depuis l'arrivée de la première mésange à tête noire jusqu'au retour de l'école des enfants des voisins, courant en hurlant avec leurs lunch-box et des objets fabriqués en papier volant dans leurs sillages ? Être dehors jusqu'à ce que le soleil soit si bas qu'il finit par briller dans nos yeux, même quand notre colonne vertébrale nous cloue le regard au sol ?

Alors, chaque feuille qui tombe, chaque feuille, sans exception, qui tombe lentement, ponctue chaque instant qui passe, et on veut les ramasser, les tenir dans sa main, et être sûr de leur présence. Les feuilles de tout le monde sont comptées, et rien n'a plus de sens que de les ramasser, une à une. Il y a quelque chose dans l'air de l'automne, dans la fraîcheur à la lisière de la chaleur, quelque chose de doux et d'infiniment triste, la terre froide peut-être, réchauffée par un soleil bas, qui répand son odeur directement dans l'air, passe du solide à l'esprit par la sublimation, et se transforme en quelque chose qui peut pénétrer notre corps, quelque chose sur quoi on peut revenir en pensée : la chaleur, la lumière filtrée, les cris d'enfants, la cascade des saisons, le petit bruit sec des feuilles tombant une à une.

# UNE ÎLE CÔTIÈRE

## LE SACRÉ/LE PROFANE

## GÉOGRAPHIE

Le stack se dresse dans l'océan Pacifique, juste au large de Yaquina Head, un promontoire vallonné sur la côte de l'Oregon. En forme de molaire rocheuse de trente mètres de haut, c'est une île plus ou moins plate avec des faces verticales, et couverte de nids piétinés et d'oiseaux qui se tiennent flanc à flanc – mouettes, cormorans, guillemots de Troïl, guillemots colombins –, leurs pattes reposant sur une fine couche de terre dans laquelle les macareux construisent des nids-terriers. Des piliers de basalte brisés se dressent comme une barrière autour de ses falaises, toutes blanchies par des générations d'oiseaux. Des éboulements s'entassent au pied des abrupts, battus par les vagues déferlantes qui roulent sur l'étendue ininterrompue du Pacifique et se soulèvent en panaches contre la pierre.

Aucun humain n'est autorisé sur le stack. C'est un sanctuaire d'oiseaux. Les visiteurs se rendent en voiture au promontoire de Yaquina Head et marchent depuis un parc de stationnement pavé jusqu'à la clôture, au bord de la falaise, d'où ils peuvent observer l'île à une centaine de mètres de là. Le promontoire abonde en pancartes RESTER SUR LE SENTIER et en guides en uniforme. Mais le stack, lui, est un lieu sauvage et ailé, se soulevant et s'immobilisant, bruyant du fracas du ressac, du roulement des rochers dans les champs de décombres et des cris et des gloussements des mouettes.

Pourtant, aussi différents semblent-ils aujourd'hui, le stack et le promontoire de Yaquina font tous deux partie de la même coulée de lave, l'extrémité la plus occidentale d'un épanchement basaltique qui s'est déversé sur les plages du Pacifique depuis les volcans à la frontière entre l'Idaho et l'Oregon. Lorsque la lave brûlante a atteint le rivage, elle s'est enfoncée à travers les sédiments jusqu'au plancher océanique. Le bord antérieur qui avançait a refroidi et a ralenti, mais la lave fondue a continué de s'écouler à l'arrière, grossissant en hauteur pour former un pouce rocheux. Battue par les vagues, la roche plus tendre a fini par céder avec le temps. C'est pourquoi tout ce qui est visible à présent de l'immense lobe de lave sous-marine est le promontoire élevé et l'île-stack à un jet de pierre du littoral.

## LE SACRÉ ET LE PROFANE

Le promontoire de Yaquina Head sur la côte de l'Oregon n'est jamais le même d'un jour à l'autre. Un jour, le vent du nord-ouest soulève violemment les pans de votre imperméable et vous remplit les oreilles de sable, et des nuages noirs s'accumulent contre la terre comme des camions dans un embouteillage, attendant leur tour pour rouler tumultueusement sur le rivage et déverser leur chargement de pluie. Un autre jour, le soleil grésille sur la vapeur d'eau salée qui monte des parcs à moules, et vous fait plisser les yeux. Ou alors ce sont des nuages fragmentés et des arcs-en-ciel, le phare se dressant dans toute sa blancheur au-dessus des flots de genêts à balais couverts de fleurs jaunes. Mais le jour qui m'a vraiment laissée songeuse, je ne voyais ni l'île ni le promontoire, seulement un brouillard blanc, et l'herbe humide sous mes pieds.

Espérant apercevoir les oiseaux sur le stack, j'avais marché jusqu'au bord du promontoire, m'avançant tout contre la clôture grillagée qui me séparait d'une étroite saillie à une trentaine de mètres au-dessus de la mer.

J'entendais les vagues se briser en contrebas et les cris rauques et querelleurs des oiseaux sur le stack au large, mais le brouillard masquait complètement le sanctuaire et tous ses habitants invisibles.

Il y eut un bruit sourd suivi d'un bruissement, et un cormoran de Brandt se posa à mes pieds, un oiseau de mer d'un noir brillant, à la queue courte et au long cou de serpent, et avec l'extrémité du bec fortement crochu. Il me regarda en clignant de ses yeux d'un bleu marine éclatant. Puis il battit des ailes, tendit le cou, et révéla une gorge du même bleu étonnant – là, dans le froid brouillard de l'Oregon, le bleu transparent des mers tropicales. Il dansa dans l'air laiteux, étirant son cou, balançant sa tête de haut en bas, lançant des éclairs de lumière bleue, me fixant de ces yeux bleus. Il était si inattendu et exotique qu'il aurait pu être une vision d'un autre monde, mais ce qui m'émut, ce fut de comprendre qu'il n'était pas d'un autre monde – il était bel et bien de ce monde, inattendu et avec juste ce qu'il faut d'exotisme.

Il y a des gens qui croient en l'existence de deux mondes distincts, le sacré et le profane – un monde parfait qui existe dans un lieu et à un niveau se situant au-delà de la connaissance humaine, et un monde imparfait où nous vivons nos vies quotidiennes. Le sacré peut se poser de temps à autre sur le sommet d'une montagne, ou se révéler à travers un interstice dans le temps, mais il n'est pas de ce monde. Le profane, en revanche, est matériel, ordinaire, muet, présent, et utile.

On dit du profane qu'il a une valeur instrumentale – il fonctionne comme un moyen pour servir d'autres fins. Ainsi, le sable, le vent, l'eau, les oiseaux marins deviennent des produits, quelque chose que l'on peut consommer ou échanger contre autre chose – le sable pour le béton, le vent pour l'électricité, l'eau pour la soif, les oiseaux marins pour le déjeuner ou la fascination humaine. Mais on dit du sacré qu'il a une valeur intrinsèque. C'est un bien en soi ; il ne peut être échangé. Même s'il n'y avait plus un seul humain sur terre pour avoir recours au sacré, il vaudrait mieux qu'il existe que pas du tout. C'est, comme Robinson Jeffers l'a dit en décrivant la côte Pacifique, "la beauté qui vous fend le cœur et qui restera quand il n'y aura plus de cœur à fendre".

Mon amie Viola Cordova n'aurait jamais fait cette distinction. Elle pensait que le profane était sacré, et que le sacré était profane, quoique si vous insistiez, elle reconnaissait que ces mots n'avaient pas vraiment de sens pour elle. Je commence à me dire qu'elle avait peut-être raison, que toutes ces prudentes distinctions entre l'ordinaire et l'extraordinaire ne tiennent pas la route.

J'aimerais pouvoir demander à Viola ce qu'elle aurait pensé d'un homme que j'ai rencontré, un homme qui était, à n'en pas douter, sans cesse en quête du sacré : un jour qu'il marchait sur la plage, il entendit une voix, forte et claire, lui dire : "Reste là, et Dieu te parlera." L'homme ne bougea pas – qu'aurait-il pu faire d'autre ? Il ne bougea pas pendant très longtemps, se balançant d'une jambe sur l'autre. Il sentit son dos se raidir, un vol de bernaches cravants s'abattit dans le creux des lames déferlantes, le vent se leva et tomba, il ferma et ouvrit la fermeture Éclair de son blouson, puis il rentra chez lui.

Je ne comprends pas ce que cet homme espérait entendre. Le vent froid, la douleur dans ses jambes – ne lui disaient-ils pas ce qu'il avait besoin de savoir ? Qu'il est en vie ici et maintenant, en vie au cœur de toute cette vie. Qu'il est conscient au cœur de tout ce qui est mystérieux, tous ces faits qui auraient pu ne pas exister et qui pourtant existent. Les tourbillons de sable, les ondes de tempête, les gens qui courbent le dos dans le vent, tous sont une source de surprise et de célébration.

Au lieu de pencher la tête et d'attendre des instructions, que se serait-il passé s'il s'était couché sur le dos, au milieu des moules, allongé là avec des pouces-pieds s'enfonçant dans son cuir chevelu, s'il avait senti – dans les creux entre ses côtes – les vagues se brisant contre le rocher arrondi, écouté les enfants, couverts de sable, crier au loin, et les puces de mer sauter, et s'il avait expiré dans la résonance de l'air, tandis que la marée, pendant tout ce temps, montait autour de lui et que le ressac explosait de plus en plus près de son cerveau ? Cela n'aurait-il pas été une leçon suffisante ?

Le profane – l'étoffe de nos vies – est irremplaçable, essentiel, éternel et changeant, beau et redoutable, au-delà de l'entendement humain, digne d'être vénéré et craint. Le mot pour traduire cette combinaison de qualités est "sacré". C'est pourquoi ça ne m'embête pas d'utiliser ce langage, même si je suis moins attachée aux mots qu'aux conséquences morales : si le profane est sacré, et le sacré, profane ; s'il n'y a pas deux mots, mais un seul, et qu'il est magnifique et suffisamment mystérieux pour nous ébranler jusqu'aux tréfonds de nous-mêmes ; si tel est le cas, alors nous devrions vivre – vous et moi et l'homme de la plage – des vies d'allégresse et de gratitude.

Chaque acte de gratitude ou d'allégresse est une force qui s'oppose à ceux qui voudraient transformer l'étoffe de la terre en simple marchandise, comme l'a fait remarquer l'écrivain Freeman House. L'allégresse libère le monde matériel du simplement profane et le rend merveilleux, et nous rappelle que si nous utilisons l'étoffe sacrée de nos vies à des fins humaines, nous devons le faire avec gratitude, et de tout cœur.

## UNE NUIT,
## DE TROIS CENT SOIXANTE-CINQ

Debout dans la fumée d'un petit feu, nos mains gantées, nous buvions des bières fraîches. Dans le crépuscule, des cygnes siffleurs scintillaient de blanc en se posant sur l'eau. Il devait y en avoir des centaines, une tempête hivernale de cygnes, et autant de bernaches du Canada, tous s'exprimant vigoureusement – les cygnes claironnant, les bernaches criaillant, et de temps en temps la sourde détonation du fusil d'un chasseur.

Frank et moi avions longuement hésité avant de décider où nous camperions, consultant divers sites météo sur Internet, cherchant un lieu en Oregon qui ne serait pas sous les nuages à la mi-novembre. Au bout du compte, nous misâmes sur le bulletin météo prévu pour la chaîne des Cascades ; ciel dégagé avec des nappes de brouillard au sol, températures entre 13 et 14 °C. Nous avions besoin d'un ciel dégagé ce soir-là. Nous étions venus voir la pluie de météores des Léonides, quand la Terre traverse la traînée de poussière provoquée par l'explosion d'une comète, offrant un spectacle qui, d'après les astronomes, serait le plus impressionnant depuis un millier d'années.

Dès notre arrivée dans le pré, à côté du lac, nous transportâmes nos affaires au milieu des roseaux et des graminées desséchés, à la recherche du meilleur emplacement où installer notre lit. L'endroit ne devait pas obligatoirement être sec ou à l'abri du vent, mais il devait nous offrir une vue complète du ciel. Sur une hauteur à une centaine de mètres du petit lac, avec un seul pin difforme pour nous bloquer la vue, nous empilâmes sur un tapis de sol des matelas en mousse et nos sacs de couchage, et recouvrîmes le tout d'une toile de nylon pour empêcher notre installation de glisser et la protéger du givre. Ensuite nous nous empressâmes d'aller chercher du bois, le ramassant à même la terre gelée.


En novembre, le crépuscule est long et trompeur. Le lac disparaît en premier, puis la terre, puis les montagnes, et bientôt le feu lui-même n'est plus qu'une illusion d'optique, tout en lumière dépourvu de chaleur, et c'est tout ce que l'on peut voir, la braise frémissante et le bout jaune de ses propres bottes gelées. Nous piétinâmes le feu pour l'éteindre puis gagnâmes à tâtons notre lit.

Quand on n'utilise que la chaleur de son corps pour réchauffer un sac de couchage en plumes d'oie, cela prend un temps fou. Il existe deux stratégies en la matière. La première consiste à gigoter dans tous les sens, en espérant que la chaleur générée par sa gymnastique réchauffera le sac de couchage. La seconde consiste à rester parfaitement immobile, en se concentrant sur chaque unité de chaleur présente dans le tissu le plus en contact avec son corps. Je gigotai et Frank demeura immobile, et à nous deux, nous mîmes très longtemps à avoir chaud. Les oiseaux faisaient du raffut sur le lac, hurlant et ricanant à mesure que la nuit devenait plus froide et plus noire. Allongés sur le dos, nous regardions le ciel à travers l'étroite fente entre nos bonnets et nos sacs de couchage remontés jusqu'au nez.

Le ciel se remplit d'étoiles, mais pendant un moment, elles semblèrent ne pas se déplacer. Chaque fois que je battais des paupières, de nouvelles étoiles apparaissaient.

— Quelqu'un a dit que puisque l'espace est infini et qu'il y a des étoiles partout dans l'espace, la seule raison pour laquelle le ciel n'est pas pavé de la lumière des étoiles, c'est parce que la lumière de l'étoile la plus lointaine n'est pas encore arrivée, dis-je à Frank. Un jour, quand toute cette lumière sera enfin là, la nuit ne sera plus qu'une lumière ininterrompue d'étoiles.

— Sauf pour la matière noire, fit observer Frank.

Mais je m'en fichais. Le ciel progressait et serait bientôt immensément étoilé, et je commençais à m'endormir.

Lorsque je me réveillai, une brume blanche comme du lait recouvrait le lac. Je voyais toujours les montagnes, et la cime des arbres qui pointaient. Mais alors même que je regardais, l'air au-dessus du sol tout autour de nous devint peu à peu laiteux jusqu'à ce que nous soyons nous aussi enveloppés par un brouillard de rayonnement, et que nous nous trouvions couchés sous une fine nappe de vapeur d'eau blanche. Nous n'aurions pas l'occasion de voir cette pluie de météores avant novembre 2099.

— On ferait bien de se mettre à faire de l'exercice et à manger des légumes verts, dit Frank.

Mais tout à coup, un météore fendit le ciel d'un bout à l'autre. Nous le vîmes malgré le brouillard, une boule dorée aux contours flous comme une guirlande de Noël prenant vie de façon inexplicable. Après un long moment, nous en vîmes un autre. Et un autre encore, même si nous étions persuadés de les rater, pour la plupart. Nous nous interrogeâmes sans grand enthousiasme : devions-nous nous lever, marcher jusqu'à une voiture glaciale et chercher un endroit où le brouillard s'était dissipé alors que nous avions enfin chaud et étions trop bien installés ? Pour finir, nous nous recouchâmes et nous endormîmes.

Lorsque Frank me réveilla quelques heures plus tard, la nuit était noire, sans le moindre nuage. Des traînées de lumière brillantes fusaient de toutes parts. Les météores me faisaient penser à des vairons, à jaillir de la sorte et à disparaître – des vairons aux rayures solaires, tressaillant et fuyant dans un lac de montagne, par une nuit sombre –, et j'étais au fond de ce lac, des courants froids tourbillonnant au-dessus de mon visage. Frank compta un météore toutes les dix secondes, six en une minute, trois cent soixante en une heure.

— C'est de la poussière, dit-il. Imagine un peu. Une poussière vieille de six milliards d'années brûlant ainsi.

Une boule de feu jaillit et se précipita vers le sol avant d'exploser au-dessus de nos têtes, et nous poussâmes un cri – de peur ou d'émerveillement, je l'ignore. Il faisait froid et le bord de mon sac de couchage commençait à se couvrir de givre. Pourtant, les étoiles continuaient de tomber autour de nous. Elles tombaient et tombaient ; chaque fois que j'ouvrais les yeux, elles tombaient.

Je me réveillai dans une brume argentée. Des nuages entouraient les versants de la montagne. Alors que des cygnes siffleurs claironnaient sur le lac, des oies volant au-dessus de nos têtes se séparèrent lentement. Le sol était une cathédrale de cristaux se dressant de plus en plus haut, repoussant de petits toits de poussière. Le monde entier était couvert de givre brillant, étincelant sur nos sacs de couchage, sur nos bonnets, sur chaque branche de chaque arbre, sur chaque roseau courbé. C'était comme si toutes ces étoiles blanches qui tombaient du ciel en scintillant, toute cette brillante poussière interstellaire vieille de six milliards d'années qui s'était déposée, étincelante, sur les branches pendant que nous dormions, avait saupoudré nos bonnets et glissé dans les plis de nos couvertures. Des étoiles filantes se collaient aux toiles d'araignée et traçaient le contour de chaque brin d'herbe.

Parfois, je me dis que j'assiste à un miracle, et je me rends compte que c'est juste le travail quotidien du monde. L'air humide et chaud rencontre l'air froid et se transforme en tessons de glace. Les faces cristallines renvoient la lumière. Des cygnes siffleurs arrivent pour se nourrir. Des oies criaillent. Le ciel se reflète dans le lac. Voilà le vrai miracle : ce n'est pas du tout un miracle, c'est juste la Terre, voguant dans la nuit.

## DES CHANTS DANS LA NUIT

Nous étions arrivés tard aux dunes côtières, marchant avec nos sacs à dos dans la lueur incertaine de nos lampes frontales. C'est tout un défi de planter une tente dans le noir, quand on brandit des sabres de lumière partout où l'on regarde, en sachant que si l'on pose un mât de tente ou un piquet, il faudra attendre le lever de la lune ou le lendemain matin pour le retrouver. Mais nous y arrivâmes, et une fois la tente montée, nous nous assîmes sur nos sacs devant la porte pour écouter la nuit.

Lorsque Frank rentre enfin à quatre pattes dans une tente pour se coucher, il tombe dans le sommeil comme un sac de sable d'un camion. Pour moi, tout l'intérêt de dormir dehors, c'est de rester éveillée le plus longtemps possible, afin d'écouter. Je me vantai auprès de lui en lui disant qu'il pouvait me conduire n'importe où les yeux bandés, ou avec une taie d'oreiller sur la tête, je saurais toujours l'heure qu'il est grâce aux bruits, et où il avait planté la tente. Il me fit remarquer qu'il sait en général où il est, et que peu lui importe l'heure tant qu'il dort comme un bienheureux. Mais je sais qu'il se réveille la nuit et qu'il tend l'oreille en se demandant qui fait ce bruit – non pas quel animal appelle, mais par quel processus physique le bruit se produit.

Le vent écartait les roseaux desséchés devant la tente, et derrière, de minuscules griffes grattaient l'écorce rugueuse. Des rainettes coassaient de tous côtés. Un pluvier kildir appela. Au loin, les vagues grondaient comme le tonnerre, et tout près, l'eau allait et venait doucement sur le sable, telle la respiration de quelqu'un qui n'a pas peur. J'en conclus qu'il était tard, peut-être minuit, sur un lac d'eau douce derrière la dune côtière parallèle au littoral de l'Oregon, sur le sable entre des pins tordus et des joncs des chaisiers.

— Bien vu, dit Frank en contemplant le marais au clair de lune, et les dunes au-delà.

Je ne suis pas particulièrement douée pour reconnaître les oiseaux à leurs chants, mais je sais reconnaître le pluvier kildir. La nuit, il lance son cri, auquel il doit son nom, et ça ne fait pas exactement *kildîî*, mais plutôt *tioudiou, tioudiou*, qu'il répète sans fin. L'été dernier, quand j'enseignais dans un camp sur une île, j'ai rencontré un homme qui imitait merveilleusement le cri du pluvier kildir. C'était un spécialiste en physiologie des poissons, un homme discret qui avait du mal à formuler ses pensées – mais, bon sang, il faisait très bien les oiseaux. Sa sturnelle était parfaite, avec même la petite roulade à la fin, la caresse d'un cours d'eau se soulevant au-dessus d'un rocher. Il arrivait à imiter assez bien la souris pour qu'un faucon crécerelle tourne la tête – je l'ai vu – et son plongeon huard, mon Dieu, un plongeon huard à vous faire monter les larmes aux yeux, le cri long et triste. Je l'ai observé avec des jaseurs des cèdres qui se trouvaient dans une clairière, sur l'île. Il s'entraîna à reproduire leur *sliiip*, le petit sifflement aigu, jusqu'à ce que les jaseurs lui répondent en le corrigeant gentiment, et qu'à son tour, il leur réponde jusqu'à ne plus se tromper.

Il me raconta que lorsqu'il était petit, il devait se lever tôt pour aller distribuer les journaux. Tous les matins, il était seul dans la rue sombre et déserte, avec juste des tourterelles tristes qui chantaient. Il se mit à leur répondre, me dit-il, et bientôt les tourterelles le suivirent – un petit garçon seul zigzaguant dans la rue sur sa bicyclette, tenant en équilibre un sac en toile rempli de journaux, et traînant derrière lui, tout en roucoulant, des tourterelles tristes.

Il se détourne quand il siffle, si bien que personne ne le voit jamais siffler. Il doit tordre son visage pour qu'il soit bien en place, m'expliqua-t-il, et il est gêné par la forme que prend sa bouche. Un soir, je l'ai vu se tenant seul tout au bout de la jetée, alors que le ciel se vidait de ses dernières couleurs. Ayant entendu un plongeon huard crier, je scrutai l'horizon vide avec des jumelles, puis me tournai pour observer le dos large et l'arrière de la tête d'un homme qui criait comme si son cœur allait exploser.

Le lendemain matin, au petit déjeuner, je feuilletai des livres sur les oiseaux, dans l'espoir d'identifier la chouette qui avait chanté dans les bouleaux toute la nuit.

— Était-ce comme ça ? demanda l'homme.

Et retentit alors un *houhouou* rauque avec un coup de gosier à la fin, et c'était ça, exactement.

— C'est la chouette rayée, dit-il, qui nous donne de quoi chanter pendant la nuit.

"Qui donne de quoi chanter pendant la nuit." Reconnaissant la phrase du livre de Job, je pensai que c'était bien étrange de la part d'un biologiste spécialisé dans les poissons de s'exprimer ainsi. De retour au bureau, je regardai le verset 35:10 dans le livre de Job. Job s'est plaint à Elihu de ses malheurs – et qui peut lui en vouloir, après tout, quand on a subi ce qu'a subi Job ? Mais Elihu dit, les gens appellent Dieu à l'aide, mais personne ne loue Dieu le Créateur, qui nous donne de quoi chanter pendant la nuit. C'est ce don-là qu'Elihu voulait que Job prenne en considération – chanter.

Je dois avouer que la Bible ne manque jamais de me déconcerter. Mais comme je voulais savoir quels *chants* étaient importants pour Job, je montrai le texte à mon collègue, dont le bureau est au bout du couloir, et il retrouva le passage dans son exemplaire de la Bible parallèle, une bible qui propose plusieurs traductions juxtaposées. Il s'avère que chaque édition de la Bible traduit différemment *chanter*.

Dans la Nouvelle Bible de Jérusalem, c'est "Qui a fait éclater dans la nuit des chants *d'allégresse*." Et je songeais : Eh bien, oui, ce traducteur comprendrait ce que ça veut dire de dormir sur une plage avec les grenouilles chantant toutes ensemble et les foulques ululant comme des ivrognes. Les chants d'allégresse.

Dans la New Revised Standard Version, c'est "Qui nous donne la *force* dans la nuit." Et je songeais : Ce traducteur est allé une nuit sur les dunes quand le vent soulevait le sable et l'envoyait flotter comme la voie lactée par-dessus l'escarpement où se tenait un puma, observant les dunes, blanches sous la lune.

Et la Revised English Bible dit, "Qui nous apporte la *protection* la nuit." Je songeais : Ce traducteur a dû dormir sur une île aux pays des ours, à même le sol tendre et doux, là au milieu des ronces remarquables et des fougères épée. Il a su, aux trilles de la rainette crucifère et au ululement du grand-duc, que tout allait bien. Tout va bien : il n'y a pas d'ours en chemin en cette nuit noire.

Mais la New American Bible dit, "Qui nous donne une *vision* dans la nuit." Et là, je me demandai si ce traducteur avait déjà expérimenté la vision soudaine qui n'a rien à voir avec les yeux ? – cette connaissance limpide et vive qui ne survient qu'une ou deux fois dans la vie, la compréhension pleine de gratitude, comme quand on se réveille d'un rêve de rue sombre pour découvrir qu'on a le soleil dans les yeux et que des sittelles s'activent dans les pins ponderosa, et que la lumière n'a jamais été aussi lumineuse ou les couleurs si nettes.

J'aimerais connaître ce mot en hébreu qui veut dire *vision* et *force* et *protection* et *chants d'allégresse*. C'est un mot que je pourrais utiliser. C'est un mot que les professeurs devraient introduire dans les leçons de vocabulaire des classes de CM2, le langage de l'éloge et de la célébration, un mot que je pourrais enseigner à l'homme qui chante comme le jaseur des cèdres.

Frank et moi avions veillé tard en discutant devant la tente tout en mettant du thé à infuser. Les chauves-souris, qui passaient en sifflant au-dessus de nos têtes, veillaient tard, elles aussi. D'après Frank, c'étaient des vespertilions bruns, de petites chauves-souris brunes, mais c'est difficile à savoir. Ce n'étaient que de petites taches noires virant à droite, à gauche, et battant des ailes si vite qu'on ne les voyait plus. Quand une chauve-souris chasse, elle émet un flot continu de cris aigus stridulés, non accessibles à l'oreille humaine. Dès qu'une onde sonore touche un insecte, l'onde renvoie un signal à la chauve-souris qui fond sur l'insecte et l'attrape dans son filet – sa queue déployée entre ses pattes comme un tablier. Un soir que nous étions assis au bord d'une rivière, peut-être la Deschutes ou la Rogue – c'était il y a longtemps –, des papillons de nuit laissèrent tout à coup leurs ailes devenir toutes molles et, après quelques spasmes, s'affalèrent sur les rochers. Frank en déduisit qu'une chauve-souris devait être en chasse; les papillons de nuit avaient senti le son bombarder leurs ailes et répondu par des réactions d'évitement.

Je demandai à Frank comment les chauves-souris font pour maintenir constant ce tir de barrage sonore. Je ne me vois pas tomber du plafond d'une cave, battre des ailes si vite que je vole comme le vent, et pendant ce temps, pousser des cris retentissant comme une interminable fusillade. Je pourrais probablement voler et pousser des cris, mais pas les deux à la fois. L'énergétique, ici, c'est du sérieux, dit Frank. En fait, les ailes des chauves-souris agissent comme un soufflet. Chaque fois qu'une chauve-souris abaisse ses ailes, les muscles compriment sa poitrine et envoient un souffle d'air à travers les anches de sa gorge. Une chauve-souris fonctionne sur le même principe qu'un organiste qui actionne les pédales de l'orgue jusqu'à ce que son instrument laisse échapper Bach.

Nous fûmes surpris que les grenouilles mettent si longtemps à chanter. C'est toujours une grenouille qui commence à chanter en premier. Puis les autres, tour à tour, font entendre leur crincrin. À quelques pas de nous, dans le marais, le chœur des grenouilles entonna enfin son chant, qui se propagea le long du rivage comme une ola à un match de basket, jusqu'à ce que nous en soyons complètement pénétrés. Comment une si petite rainette peut émettre un chant d'une telle ampleur est un mystère pour moi. J'essayai de me représenter une grenouille en train de chanter. Je me voyais gonfler un ballon – la pression dans mes oreilles, la contraction de mon diaphragme. Je me voyais gonfler un ballon fait avec la peau de mon propre cou. Je le gonfle jusqu'à ce que je fasse deux fois ma taille. Puis je bloque l'air et je tremble. Imaginez donc : c'est déjà assez difficile pour un humain de produire un son qui porte à un kilomètre et demi, alors imaginez que vous devez tenir cette note pendant toute la nuit. Et maintenant imaginez cet exploit chez une grenouille de la taille d'un pouce.

L'énergétique de cette musique est formidable aussi – tant d'énergie dépensée, cela pourrait tuer une grenouille. Les scientifiques ont découvert que certaines rainettes avaient juste assez d'énergie pour chanter trois nuits. Elles n'ont pas droit à plus : trois nuits vibrantes pour chanter un chant si enjoué et fort qu'une femelle pleine d'œufs se propulse avec ses pattes arrière à travers les algues filamenteuses, s'exposant aux black-bass, s'exposant aux grands hérons, tant elle est incapable de résister à ce chant. Maintenant, quand j'entends un chœur de grenouilles, je pense au silence des grenouilles le quatrième jour.

Nos ancêtres ne faisaient pas de bruit et se recroquevillaient sur eux-mêmes lorsqu'ils se trouvaient seuls la nuit. S'ils rêvaient, ils rêvaient en silence. Je sais que je ne peux pas crier dans un rêve; j'ignore même si c'est possible. Pourchassée par des silhouettes sombres s'élançant à travers les halos de lumière des réverbères, je pousse l'air vers mes lèvres, mais c'est comme si elles étaient cousues avec du fil noir. Il ne sort qu'un cri étouffé, provenant du fond de ma gorge. Et bien sûr, il ne peut pas en être autrement. Si nos ancêtres hurlaient en pleine nuit, aussitôt des prédateurs, dans un rayon de cinq cents mètres, tendaient l'oreille et tournaient lentement la tête vers la source du bruit. La nuit, les humains sont tout ouïe, et c'est sage de leur part.

Nous écoutâmes le chant des grenouilles en silence, pendant un long moment. Un brouillard de rayonnement, qui s'était doucement levé du marais, commença à s'avancer vers nous avec ses doigts effilochés. Des nuages se mirent brusquement en mouvement, se lançant tout à coup comme une armada de petits navires voguant lentement devant la lune. Comme nous avions le choix entre nous glisser dans nos sacs de couchage ou mourir de froid, nous nous couchâmes en laissant la porte de la tente ouverte pour entendre les bruits.


Des limicoles se mirent à chanter au point du jour, leurs voix aiguës, perçantes et vives. Je remontai jusqu'au menton mon sac de couchage en fibres synthétiques et je restai là, étendue, à écouter, heureuse de me réveiller de nouveau par un tel matin. Des chevaliers grivelés accouraient vers les roseaux cassés, pépiant sans fin. Les nuages étaient bas sur les dunes, mais il n'y avait aucun signe de pluie. Une sterne caspienne volait au-dessus des nénuphars, criant d'une voix si stridente et forte qu'il me semblait qu'elle pouvait m'écorcher le dessus de la tête. Le chant des oiseaux de mer, qui ont évolué dans les milieux côtiers, a une fréquence aiguë, que l'on peut entendre par-dessus le sourd grondement des vagues. Dans la forêt, les oiseaux émettent en revanche des sons de basse fréquence, car les longues longueurs d'ondes des sons graves ne se propagent pas aussi vite ou alors elles sont absorbées par l'enchevêtrement des feuilles et de la mousse. J'ai lu que la voix des oiseaux sur le sol d'une jungle est plus grave que celle des oiseaux de la canopée, et que les forêts du Nord portent les basses profondes des chouettes et des tétras.

Mais mettez un oiseau dans une vaste prairie ou une région marécageuse où les sons peuvent porter pendant une éternité dans le silence ensoleillé : et là, les voix sont si belles à l'oreille humaine, et à celle de l'animal de la savane aussi. Alors que le soleil illuminait le ciel derrière la forêt, j'entendis le gazouillement allant glissando d'une sturnelle, joyeux comme ne l'avait jamais été un chant d'oiseau, *sliip lou lidi lidijouvi*, au-dessus d'une fondrière, et, quand le soleil flamboya sous les nuages, c'est le carouge à épaulettes que j'entendis. L'appel du carouge à épaulettes est une célébration, *okalii-ah*, et un doux *schlick, schlick*, comme un couteau tranchant l'eau.

Il y a une semaine environ, je parlais avec deux jeunes gens originaires de Turquie. Ils étaient très polis, mais de toute évidence, ils en avaient assez de la langue anglaise.

Le turc, me dirent-ils, avait juste ce qu'il fallait de mots. Un mot pour chaque chose, mais pas beaucoup de mots supplémentaires. L'anglais d'un autre côté : ils écartèrent exagérément les mains pour me montrer la taille du dictionnaire. Trop de mots, gaspillés.

Bon, d'accord. Je pourrais en effet me débrouiller avec *automobile* et oublier tous les synonymes. *Téléphone* fait très bien mon affaire. Mais l'anglais manque dangereusement de mots pour décrire le sentiment que l'on éprouve quand on entend des bécasseaux le matin, ce mélange de sécurité et de joie et de santé et de vision en plein cœur des choses (même maintenant, je cherche mes mots). L'anglais possédait de bons mots autrefois, mais ils ont été volés ou anéantis ou pervertis. Nous devons inventer de nouveaux mots, ou défiler dans la rue et nous réapproprier les mots qu'on nous a pris – ou trouver exactement le mot juste en turc et l'emprunter. Ce n'est pas bon de découvrir que l'on est brusquement muet, ou que l'on n'est pas précis, ou qu'on se fait mal comprendre, quand on a besoin de dire à quelqu'un à quel point ce monde magnifique nous parle.

Je veux reprendre *ahurissant*. Les gens disent, vous avez vu ce smash ahurissant ? Mais ahurissant devrait dire ce qu'il veut dire : être dans un état d'ahurissement, dérouté de bien des façons, ne sachant pas où aller. Être ahuri, c'est être abasourdi. Être ahuri, c'est être à moitié émerveillé, à moitié terrifié, prisonnier au milieu de plusieurs chemins qui se croisent dans une étendue sauvage de pins tordus enchevêtrés par le vent et de rhododendrons tentaculaires en fleurs. Une marcheuse est ahurie quand, comprenant qu'elle s'est perdue et que la nuit ne va pas tarder, elle s'assoit pour réfléchir comme jamais elle n'a réfléchi, tous ses sens s'embrasant et son esprit en feu.

Et *étonnement*. Ce monde a besoin d'*étonnement*. Le mot vient du latin *estonare* qui veut dire frapper du tonnerre. Être étonné, c'est être frappé de stupeur, c'est tomber à la renverse suite à un coup soudain. Voilà ce qu'un personnage de Shakespeare peut dire, "Capitaine, vous l'avez étonné", alors que la victime repose, assommée, sur la scène. À l'extérieur du cercle arctique, où l'on m'a dit qu'il n'y avait pas d'éclairs, j'imagine que tout le monde a été littéralement étonné. Vous voyez quelque chose de si aveuglément brillant, de si surprenant que vous fermez les yeux et vous vous préparez physiquement pour le prochain coup, la fracassante détonation. À mon avis, un balbuzard pêcheur doit être étonné chaque fois qu'il percute et franchit le mur entre le ciel et la mer, et c'est peut-être ça, l'étonnement, cette soudaine entrée dans un autre monde.

*Terrible*. Terreur, qui signifie une crainte immense ou un effroi, a les mêmes origines que tracas, peine, affliction et blessure. Avez-vous déjà entendu quelque chose de si beau que vous étiez empli de crainte ? *Où étiez-vous quand les étoiles du matin éclataient en chants d'allégresse, et que tous les fils de Dieu poussaient des cris de joie ?* Et Job répondit, *Je mets ma main sur ma bouche. Je me repens dans la poussière et dans la cendre.* Les gens disent parfois des choses comme "une coupe de cheveux terrible". Mais les gens ne devraient pas jouer avec la terreur.

Et essaierons-nous de réclamer *sacré* aux saints? Ce mot me mettait en colère autrefois. Je lisais des auteurs naturalistes, et je tombais sur le mot *sacré*, et je n'avais aucune idée de ce qu'il voulait dire et je soupçonnais l'auteur de ne pas le savoir non plus. C'était un bouche-trou, un cascadeur faisant le travail dangereux, remplaçant quelque chose, mais quoi? Il n'empêche que j'en suis venue à penser que nous devons trouver une façon de parler du séculier sacré. *Sacré* vient de "consacrer", et ce qui est consacré doit être pur, intangible, complet, entier. Parmi tous les écosystèmes fragmentés, tous les lieux détériorés, arrachés, entaillés, attaqués, il existe encore des milieux naturels inaltérés, des lieux qui parlent à notre moi entier. Les scientifiques les appellent les écosystèmes intacts. Aldo Leopold, quand il y faisait référence, employait le terme d'intégrité. Est-ce que ça ferait mal de dire qu'ils sont sacrés?

Ce qui nous amène à *aimer*. J'ai parlé un jour devant un congrès des rangers des parcs nationaux, des gens qui aiment la terre, s'il en est, de façon intense, pragmatique, au rythme de leurs vies quotidiennes. "J'aime bien ce que vous dites, déclara l'un des gardes forestiers, mais je me demande si vous ne pourriez pas le dire sans utiliser le mot aimer." Je ne savais pas quoi répondre. Il ne suffit pas de faire remarquer que la chaîne de télévision Hallmark a kidnappé le mot *aimer* et l'a réduit à néant. Ma première pensée, c'était que le garde forestier partageait la tristesse de tout le milieu scientifique, sa solitude – des générations de scientifiques et de responsables de la gestion des terres fascinés par la création naturelle, mais habitués, comme des amants secrets, à observer un silence profond et permanent à propos de leurs sentiments concernant ce qu'ils étudient si intensément.

Le physicien et essayiste Chet Raymo estime que l'une des conséquences de la séparation entre les conceptions spirituelles et scientifiques du monde, c'est que la science a perdu sa capacité à rendre hommage à la création naturelle. "En allant chacune de leur côté, écrit-il, l'Église et la science ont toutes deux été appauvries… et la science a été privée de l'accès au langage de l'éloge, riche et traditionnel, tel que le pratique l'Église." Et plus encore, il laisse entendre que dans la mesure où la science est devenue la vision occidentale dominante du monde, nous avons tous perdu le langage de l'éloge.

Mais je n'en suis pas si sûre. J'avais demandé au garde forestier: "Quel mot alors doit-on utiliser à la place d'*aimer*?"

Il avait réfléchi longtemps avant de répondre. "Peut-être devrions-nous dire *écouter*."

*Écouter*. Prêter une attention particulière.

Tenir une chose dans sa main, s'en occuper, être étonné par elle, dédier sa vie à ses mystères, la nommer de façon précise, chercher encore et encore à comprendre comment elle naît, lui accorder sincèrement toute notre attention, l'honorer en l'écoutant soigneusement – n'est-ce pas ce que font les scientifiques tous les jours? Il existe plus d'une façon d'aimer le monde.

— Tu savais que certains hiboux ont les oreilles décalées? me demanda Frank.

Il m'avait réveillée pour écouter une chouette effraie de l'autre côté du lac. Ça arrive tout le temps: je pense que je suis réveillée et qu'il dort, mais il doit me réveiller pour entendre les chants.

— Si tu dois chercher quelque chose dans le noir, m'expliqua-t-il prudemment, il y a un type d'oreille qui ne convient pas. Les oreilles symétriques te diront où est la proie sur un plan horizontal, mais il faut que les oreilles soient suffisamment écartées l'une de l'autre. Si une souris couine pile devant toi, le son sera le même dans les deux oreilles ; mais si elle est sur le côté, le son arrivera d'abord à l'oreille la plus proche, et avec une tonalité et un volume différents. Tu peux alors faire pivoter ta tête comme une antenne parabolique jusqu'à ce que tu regardes en face cette souris invisible. Mais comment sauras-tu si elle est au-dessus ou en dessous de ce plan ? Pour ça, les hiboux ont besoin d'oreilles asymétriques. L'orifice de l'oreille est plus haut d'un côté que de l'autre. Quand le couinement résonne pareillement dans les deux oreilles, la souris est localisée, à hauteur d'oreille. Avec ses oreilles écartées et asymétriques, un hibou peut placer une souris dans la ligne de mire de son audition. *La localisation binaurale* : tel est le langage qu'utilisent les scientifiques, les mots précis pour cette merveille d'espèce.

De l'autre côté du lac, de l'air passa à travers le syrinx du hibou, une structure cartilagineuse au fond de la trachée. Des muscles spécialisés tendaient et relâchaient les membranes du syrinx, l'accordant comme la peau d'un tambour. Un autre hibou répondit depuis la forêt. Les vagues roulaient derrière la colline de sable. Un train siffla au loin, comme si quelqu'un appuyait de toute sa paume sur les touches d'un orgue. Frank et moi écoutions avec nos oreilles dépareillées et asymétriques. *Élevez vos têtes, et élevez-vous. Chantez les louanges.*

## LA TRANSMISSION
## DES CARACTÈRES ACQUIS

Les déménageurs sont venus et sont repartis, et me voilà maintenant avec le bureau de mon père. Il y a quarante ans, ce bureau occupait tout un côté de la pièce qui servait à la fois de cabinet de travail pour mon père et de chambre à coucher pour mes sœurs et moi. Trois lits superposés lui faisaient face, trois petites filles empilées sur des étagères en parfaite symétrie avec les rayonnages de livres au-dessus du bureau. Mais à présent, il se trouve au milieu de la pièce où je travaille, ses tiroirs vides béants.

C'est un beau meuble en acajou, mais guère adapté à mon activité – il convient plus à un stylo à plume qu'à un ordinateur. Même sa forme est démodée ; il a dû être conçu pour un écrivain qui pouvait s'asseoir sans bouger, les genoux coincés dans l'espace aménagé pour le passage des jambes. Toutes mes affaires traînent par terre en piles, prêtes à être rangées dans les tiroirs à la place de celles de mon père. Je me rappelle où chaque chose était censée aller – le papier machine dans le tiroir en bas à gauche, la perforatrice sur le contour d'une perforatrice tracé à la craie, son thésaurus à portée de sa main droite, et dans le tiroir du haut, un modèle de la double hélice fabriqué avec des pailles.

Mais j'ai hérité de tant de souvenirs avec ce bureau que je ne suis pas sûre qu'il y ait assez de place à l'intérieur pour quoi que ce soit d'autre. Le bruit du bois à l'ouverture du tiroir, l'odeur du crayon à mine de plomb et des copies d'examen ronéotypées, et voilà mon père, travaillant sous une lampe d'architecte pendant que nous nous endormons toutes les trois en écoutant son stylo crisser sur le papier.

Mes sœurs et moi nous pressons autour du bureau de mon père, fouillant dans le tiroir en haut à gauche à la recherche d'une paire de ciseaux. Nous découpons soigneusement des formes dans du Scotch noir – une fleur, peut-être, un arbre ou un oiseau. Nous les portons dans le jardin, derrière la maison, et les collons sur les pommes vertes qui pendent de l'arbre. Alors que l'été commence à se faire à l'idée de l'automne, les pommes deviennent rouges, mais uniquement là où le soleil les touche. Quand vient le temps de les ramasser, nous retirons le Scotch et nous avons des pommes rouges décorées d'oiseaux verts prenant leur envol et de lis tigrés. Nous les coupons en quartiers avec force cérémonie, et mangeons les oiseaux en dernier.

Avec le canif qu'il garde dans le tiroir du milieu, mon père fait une entaille en diagonale dans l'écorce d'une petite branche d'un pommier. Il coupe un rameau d'un autre pommier, l'enfonce dans l'entaille, recouvre toute la jonction avec une matière visqueuse comme de la vaseline, et l'entoure bien serrée à l'aide de lanières en caoutchouc provenant de vieilles chambres à air de bicyclette. L'hiver, quand les cardinaux rouges secouent la neige des branches, les mésanges à tête noire et les sittelles emplissent l'arbre de leurs va-et-vient, donnant des coups de bec à la greffe, la tête en bas, pour ouvrir les plaies à la recherche d'insectes. Mais au printemps, le pommier se pare de fleurs roses – et ici et là d'une gerbe de fleurs blanches, ou rose foncé presque pourpres. À l'automne, la plupart des pommes de l'arbre sont rouges, mais certaines sont jaunes, et d'autres poussent comme des bouquets de cerises, petites et noires.

Mes sœurs et moi suivons notre père jusqu'à l'université Baldwin-Wallace, où il enseigne. Pendant qu'il travaille dans une salle de classe, nous flânons dans la serre, qui sent bon le vert, comme les pierres au fond d'une rivière. Puis nous allons dans la salle aux oiseaux où il y a de longs comptoirs aux nombreux tiroirs en bois. Chacun de ces tiroirs contient un oiseau mort. J'en ouvre un, et voici un pic à tête rouge, tout dur et raide. Il repose sur le dos, plus ou moins une ligne droite depuis l'extrémité de son bec jusqu'au bout de sa queue aux plumes hérissées. Ses pattes, qui pointent en l'air, sont repliées, et les doigts de ses pieds sont noirs et tout recourbés. Mon père veut que nous remarquions l'extrême dureté du bec, alors nous attrapons le pic et donnons, pour voir, des coups de bec sur le dos de nos mains, mais tout ce que nous remarquons vraiment, c'est que le pic est bel et bien mort et n'a plus rien d'une créature qui a peut-être volé un jour.

Dans le jardin, derrière la maison, mon père fait pousser des aubergines à pois. Nous sommes dans l'Ohio, avec des étés typiques de l'Ohio, humides, chauds et vibrant de moustiques piqueurs – un temps idéal pour les aubergines. Quand les fruits sont de la taille d'un poing, mon père prend un tube métallique et creuse des trous ronds dans chaque aubergine, gardant soigneusement la chair retirée. Puis il enfonce la chair violette dans les trous des aubergines blanches, et la chair blanche dans les aubergines violettes, créant des aubergines à pois aussi gaies que des œufs de Pâques. Les aubergines poussent très bien de la sorte et donnent des graines, que mon père recueille précautionneusement et conserve dans des enveloppes étiquetées dans le tiroir du milieu à droite de son bureau. Au printemps suivant, il plante les graines et attend la moitié de l'été pour voir si ses aubergines poussent avec des pois. Bien sûr, la nouvelle génération est aussi solide, brillante et violette ou aussi uniformément blanche que n'importe quelle ancienne aubergine l'aurait été.

Mon père est ravi. Il valse dans le jardin avec des aubergines ordinaires dans chaque main. C'est la guerre froide, transportée ici dans notre jardin, et les aubergines sont la contribution de mon père à l'effort de guerre. T.D. Lyssenko, le conseiller scientifique de Staline, soutient que les plantes et les animaux peuvent transmettre à leur progéniture des caractères qu'ils ont acquis au cours de leurs vies.

Apprenez à une chienne à avoir peur d'être battue, déclarent les partisans de Lyssenko, et elle portera des petits chiots craintifs ; greffez des poils noirs sur un hamster blanc, et vous aurez des bébés hamsters aussi mouchetés que des vaches Holstein. La transmission des caractères acquis ? Mon père n'y croit pas une seconde. Pourtant, année après année, il produit des preuves contre cette théorie, même si aucune de ses filles ne veut manger des aubergines à pois ou ne tolère que le moindre morceau entre en contact avec sa fourchette.

Et je suis là, aujourd'hui, assise à ce bureau, ayant hérité de tous ces étés dans l'Ohio et de ces tiroirs à queue d'aronde poussiéreux, tachés d'encre de Chine. Je ne crois pas non plus à Lyssenko. Mais je sais que les gens portent quelque chose de leur enfance en eux, et parfois ils le transmettent à leurs enfants à leur tour. C'est un mystère, le legs qu'un parent laisse à un enfant – l'ADN codé ; les souvenirs douloureux, morts, et ceux qui prennent leur envol ; les espoirs et les étonnements greffés sur les blessures où les oiseaux se rassemblent encore ; toutes les choses à partir desquelles nous nous construisons. Mais la génération suivante est le test, et le mystère qui me préoccupe maintenant que mes enfants grandissent et ne vont pas tarder à déménager, c'est quelle part de leur grand-père ils emporteront avec eux quand ils s'en iront.

Mon père enseignait la génétique ; il a étudié tout ça. Il a parlé à ses étudiants de la double hélice l'année même de sa découverte. C'est pourquoi j'aimerais qu'il soit là et qu'il m'explique la raison pour laquelle l'odeur des fleurs de pommier me fait sursauter, comme une petite tape sur l'épaule quand il n'y a personne. Je veux savoir *comment ça se fait, au juste,* que le père soit les racines des branches de sa fille, et comment il vit en elle – pas seulement dans ses souvenirs, mais dans les fruits qu'elle porte. Et puis, j'aimerais qu'il se tienne à mes côtés à l'aéroport tandis que mes enfants disparaissent dans les couloirs moquettés et me persuade que les dons qu'il a sciemment légués à ses enfants vivront aussi chez ses petits-enfants.

En réalité, je ne lui ai jamais demandé comment élever un enfant ; je ne le considérais pas comme expert en la matière, et puis je vivais si loin de chez lui. Mais je me rappelle être venue lui rendre visite avec Erin quand elle commençait tout juste à ramper. C'était un bel après-midi d'automne, et nous étions dans le jardin, derrière la maison, sous ce pommier – pas de décorateur de pommes cette année-là, mais un miroir fixé au-dessus d'un nid de tourterelles, permettant à mon père d'épier les bébés quand ils prenaient leur envol. J'avais étalé une couverture et installé Erin au milieu avec un hochet et son aigle en peluche. Elle n'arrêtait pas de ramper vers le bord, et je n'arrêtais pas de la remettre au milieu. Au bout d'un moment, mon père l'avait soulevée de terre et assise dans l'herbe. Puis il avait secoué la couverture d'un coup sec, envoyant voler le hochet et l'aigle, et l'avait pliée et mise de côté.

Mais après cette visite, les images que j'ai gardées de mes enfants se détachent de la maison et prennent la route. Nous avions emménagé sur la côte Ouest. À l'exception de Noël et peut-être une semaine en été, je n'ai aucun souvenir de mes parents avec mes enfants. Nous n'avons jamais donné à nos enfants un bureau autour duquel se réunir ; je suppose que nous leur avons donné à la place le bord de l'eau.

Avec notre petite fille, Frank et moi campons au bord de la North Plate River, dans le Wyoming, un jour de la fin du mois de septembre quand les trembles vacillent dans la lumière réfléchie par l'eau en mouvement et que les feuilles des peupliers craquent sous nos pieds. Erin a cinq mois. Toute la journée, je marche le long de la berge en la portant sous mon manteau. Le soir, Frank et moi nous asseyons, jambes croisées, dans la tente, regardant dehors par la porte ouverte. Erin dort dans les bras de Frank. Des flocons de neige tombent doucement, et les feuilles des trembles se détachent des branches et volettent au-dessus d'un champ de neige.

Là, je tiens Erin par les bretelles de sa salopette, et j'essaie de l'empêcher de tomber de la rive d'un ruisseau, dans les dunes de l'Oregon. Frank porte Jonathan dans le dos, sous un parapluie aux couleurs vives fixé à la structure du porte-bébé. Son pantalon roulé jusqu'aux genoux, Frank patauge au milieu du ruisseau. Jonathan se trémousse dans le porte-bébé pour essayer de toucher l'eau, et à chacun de ses tortillements, le parapluie se balance et fait rebondir avec un petit bruit sec les fines gouttelettes de bruine.

Entassés dans une voiture couverte de poussière, nous traversons Coffeepot Flat en empruntant une piste de plus en plus défoncée puis, après avoir passé la barrière d'une clôture en fil de fer barbelé, une prairie où paît librement un troupeau de bovins et une trouée dans la berge, nous atteignons les herbes hautes qui longent la rivière. À la vue de l'eau, les enfants, heureusement, se calment enfin. Quand nous nous arrêtons, je regarde la banquette arrière et ils sont là, les yeux ronds derrière leurs masques de plongée, les pieds chaussés de palmes, et la bouche fermée autour de leurs tubas en caoutchouc noir. Ils glissent hors de la voiture et marchent dans l'herbe en faisant claquer leurs palmes. Bientôt nous entendons, qui montent des tubas, des voix glouglouter, pâteuses et joyeuses. Nous ne comprenons pas un mot de ce que les enfants disent.


La nuit est tombée depuis longtemps sur la jetée. La Rogue River dévale en trombe, comme un convoi de camions. Voilà trois heures que mon mari et mes enfants auraient dû être de retour d'une sortie en canoë. Qu'ils aient des problèmes, je n'en doute pas ; quel genre de problème, je n'ose imaginer. Je vais marcher sur les galets, en comptant, pas après pas, jusqu'à cent. Puis je ferai demi-tour et marcherai de nouveau sur cent autres galets. Après six cent quarante galets, mon fils apparaît sur la plage. Je le serre dans mes bras. "Jonny, où sont les autres ?" Mais les voici qui arrivent, trempés jusqu'aux os et grelottant. Le courant a coincé leur bateau contre un rocher. Puis le bateau a chaviré et s'est éloigné en tournoyant, les laissant échoués sur une île.

Je suis sur un pont au-dessus de la Charles River avec les autres parents. La rivière fait un coude brusque, juste en aval, nous empêchant de voir les bateaux arriver, mais on entend les barreurs hurler au loin. Et voilà les bateaux qui surgissent tout à coup et je balaie la rivière avec des jumelles pour essayer de repérer ma fille. Je parviens à distinguer les T-shirts jaunes, donc ce doit être son équipe, mais c'est seulement lorsque la coque est pile en dessous de moi que je reconnais, me semble-t-il, Erin, et encore, c'est plus sa place dans l'embarcation qui me fait penser que c'est elle. À la fin de cette course, les jeunes filles porteront les bateaux sur leurs épaules, un beau déploiement de couleurs, les rames brandies comme des bannières, et je dirai au revoir à Erin en la serrant dans mes bras avant d'aller prendre l'avion pour retourner dans l'Oregon.

Nous recevons une carte postale de Jonathan ; il est en Australie pendant toute la durée du premier trimestre avec sa classe de biologie de l'université. "On est à Heron Island, au large de la Grande Barrière de corail. C'est génial, cet endroit. Je dormais sur la plage la nuit dernière quand j'ai senti quelque chose qui me chatouillait la figure. Je suis resté aussi immobile que possible, parce que des bébés tortues de mer rampaient sur mon visage, mon torse, mes jambes – de minuscules petites pattes de tortue se dirigeant vers l'océan. Je crois que je n'ai jamais été aussi heureux de ma vie. Je vous embrasse. Vous me manquez."

Toutes ces histoires me rappellent un dimanche de printemps quand mon père nous conduisit, mes sœurs et moi, à un étang vaseux et qu'il remplit d'eau un gros bocal en verre. De retour à la maison, nous posâmes le bocal sur son bureau et observâmes la vie se manifester à mesure que la vase se déposait au fond – des acariens aquatiques d'un rouge brillant, des daphnies et des anostracés, des gerridés et des libellules, et mieux encore, des larves de trichoptères à différents stades, se déplaçant uniquement avec leurs têtes et leurs pattes avant qui sortaient des fourreaux qu'elles avaient construits à partir de particules de sable et de minuscules brindilles.

À l'aide d'une pince à épiler, mon père retira délicatement le fourreau d'une larve de trichoptère de façon à ce que nous puissions la voir en construire un nouveau avec les détritus du bocal. Participant de bon cœur à l'expérience, mes sœurs et moi décidâmes que des brindilles et du sable n'étaient pas assez bien pour notre larve ; nous lui donnerions les matériaux de construction les plus outrageusement chic que nous pourrions trouver. Et dans le bocal allèrent des bouts de rubans d'anniversaire, des paillettes dorées et argentées, des perles en verre et des cheveux d'ange.

Toute la nuit, notre larve reposa nue dans le faste – un insecte noir au corps allongé et aux pattes arquées. Puis, tôt le lendemain matin, elle tissa un fil de soie, l'enroulant plusieurs fois autour de son corps, guidant soigneusement les brins avec ses pattes délicates. Une fois complètement enfermée dans un fourreau de fils poisseux, elle se déplaça à tâtons sur le verre, cherchant son chemin, touchant tout ce qu'elle rencontrait. Elle ramassa un bout de ruban argenté et le colla à son fourreau. Nous applaudîmes en rapprochant nos visages de la paroi du bocal. Puis ce fut une perle bleue qu'elle colla. Trébuchant dans le tas de paillettes, elle en fixa une contre l'ouverture du fourreau.

Mais la larve se déplaçait de plus en plus lentement, touchait de moins en moins de choses, et puis, comme si elle était découragée, elle s'arrêta d'un coup de construire son fourreau et se laissa tomber au fond du bocal. Cela nous effraya. Nous nous attendions à une création splendide. Mais le fourreau de la larve faisait pitié – un ruban abandonné, bizarrement collé, une perle comme une verrue. Nous rapportâmes le bocal à l'étang, jetâmes tout ce gâchis à l'eau et observâmes les paillettes se déposer dans la vase.

À présent que Frank et moi sommes les parents de grands enfants, je ne sais pas plus aujourd'hui qu'autrefois ce qui fait que les enfants sont les êtres qu'ils sont, un mélange inextricable de souvenirs et de destin génétique et des choses qui meublent tous les jours d'une vie – le sable des rivières, la main d'un père, l'angle d'inclinaison du soleil. Mais j'ai le sentiment que les parents ne font pas leurs enfants : comme l'étang pour les larves de trichoptères, nous donnons les matériaux à nos enfants, et ils se construisent, souvenir après souvenir. Aussi la question que nous autres parents devons nous poser, c'est : de quoi voulons-nous que nos enfants soient faits ? Et quand ils grandissent et partent, si loin de nous, que voulons-nous qu'ils emportent avec eux, quelles sources de force et de joie ?

## LA ROUTE POUR LE CAP PERPETUA

Il faut vraiment le vouloir pour aller de chez moi à l'océan Pacifique en passant par la chaîne côtière de l'Oregon. La route serpente comme les rivières, suivant des tournants en épingle à cheveux entre les collines. Des grumiers, qui vont dans l'autre sens, encombrent les virages. À cause de la pente, ils rétrogradent pour ne pas laisser échapper leurs lourds chargements. De l'autre côté de la crête, dans l'enchevêtrement vert des collines qui façonnent les cours supérieurs des rivières à saumons, chaque virage découvre une nouvelle parcelle dénudée du versant de la montagne, toute boueuse depuis que l'intégralité de ses arbres a été coupé. C'est à peine s'il reste une feuille verte dans ces coupes rases – ce n'est plus que poussière grise, troncs d'arbres abattus gisant dans tous les sens, mottes racinaires et branches mortes, transformées en tas boueux après le passage du bulldozer. Même l'eau des rivières est grise et trouble, avec la pluie qui ravine les récentes marques des draglines.

Je roulai le plus vite possible une fois arrivée là, le regard rivé sur l'unique rangée d'aulnes que la société d'exploitation forestière avait laissée le long de la route pour cacher ce carnage. Je savais que sur la côte, juste au sud du cap Perpetua, je finirais par tomber sur les dernières parcelles de l'ancienne forêt humide, bizarrement épargnées par les tronçonneuses – des épicéas de Sitka vieux de six cents ans et des cèdres rouges, sombres et moussus, qui couvrent le versant jusqu'à la mer. Je passai les collines meurtries, essayant de me concentrer sur l'odeur qu'aurait l'ancienne forêt – toute de terre humide et de cèdre – et sur le bruit des vagues déferlantes, au loin, à travers d'épaisses fougères.

Au sud du cap, je suivis un sentier sous les épicéas de Sitka jusqu'au bord d'une falaise, où la forêt s'arrête brusquement au-dessus de la mer. Sur le promontoire, l'air fut tout à coup chargé de sel et de froid, le vent épouvantable. Dans la houle déchaînée, des gerbes d'écume s'envolaient soudainement comme des oiseaux effrayés, et des rondins, ballottés par les vagues, étaient projetés jusqu'à trois mètres de haut. Quelques enfants couraient en hurlant le long de la falaise, retenant leurs chapeaux à cause des rafales, baissant la tête sous les rideaux des embruns, changeant de trajectoire en même temps, comme des bécasseaux sanderling. Je serrai mon coupe-vent contre moi et m'assis sur un banc surplombant la mer.

Le banc était un banc de la mémoire. Quelqu'un qui aime profondément la côte a dû choisir cet emplacement, juste au-dessus de la violente collision entre le cours d'eau côtier et les galets. Je lis l'inscription sur la plaque de cuivre :

> Mère, quand tu entends chanter ou que tu vois un oiseau, je t'en prie, ne sois pas triste en pensant à moi, car je t'aime comme je t'ai toujours aimée. C'était le paradis ici avec toi.

Une mère en vie, en deuil, a dû écrire ces quelques mots, comme si son enfant n'était pas mort, mais s'adressait à elle à travers l'océan de sa douleur. Et le paradis qu'ils partageaient ? Il devait être ici, exactement à cet endroit, là où la mer à marée haute déferle dans la rivière, et où les goélands se tiennent à moitié immergés, repoussant d'un coup d'épaules l'eau douce sur leurs dos, comme ils ont dû le faire pendant des siècles.

J'imaginais une mère enfilant un pantalon de ciré à un enfant gigotant déjà pour partir. Une dernière tape sur son bonnet de laine, et il court dans l'herbe dans des bottes trop grandes. Elle enfile son propre ciré et le suit sur le sentier. Au bord de la falaise, elle se tient à ses côtés dans le vent, face à la mer.

Comment peut-elle vivre avec son chagrin ?


La psychologue Elisabeth Kübler-Ross nous a appris qu'il existe un modèle de deuil : tout le monde doit faire le même horrible voyage, mettre un pied devant l'autre alors que l'air est devenu brusquement froid et épais. Mon amie Katherine, qui endure toutes sortes de chagrin, est d'accord avec Kübler-Ross, et se demande si les gens qui pleurent la perte de quelque chose qu'ils ont aimé dans le monde – une forêt, une remontée de saumons, une espèce, un cours d'eau – n'éprouvent pas les mêmes sentiments que ceux qui pleurent la perte d'un être humain. La qualité de la douleur peut être différente, comme l'intensité, dit-elle, mais les étapes nous sont familières.

Le déni est souvent la première réaction face à la perte, nous dit Kübler-Ross. Peut-être que la forêt n'est pas vraiment morte. Toutes ces graines enfouies dans la terre retournée par le bulldozer – qui sait si elles ne pourront pas donner finalement naissance à une forêt. Et s'il est trop tard pour sauver la forêt, n'est-il pas encore temps de sauver celles qui se trouvent de l'autre côté des montagnes ? Et peut-être qu'on assistera encore aux remontées des saumons ; qui nous dit qu'ils n'attendent pas dans l'océan que les rivières se purifient et que les frayères soient débarrassées du limon. "Regarde autour de toi. Le monde est encore beau, dit ma voisine, dans l'espoir de me remonter le moral. La crise environnementale n'est qu'une arnaque des professionnels de la contestation pour collecter des fonds."

L'étape suivante est la colère. Quel genre de personne peut défricher une ancienne forêt jusqu'à ce qu'il n'y ait plus que des souches sanglantes, détruire au bulldozer des prairies jusqu'à ce qu'il n'y ait plus que des champs de boue, vaporiser du poison sur le chaos qu'elle a laissé et mettre le feu aux rémanents ? Et quand le versant blessé de la montagne s'écroule dans la rivière, que des crues mettent en pièces les chutes d'eau et érodent les frayères, que plus aucun saumon ne revient, quel genre de personne peut déclarer que c'est un acte de Dieu – et diriger ensuite les bulldozers à travers le cours d'eau et dans la forêt suivante, et la suivante encore ? J'espère qu'il y a une grotte en enfer pour des gens comme ça, où un petit diable fou saute partout en criant, "du travail ou des arbres, du travail ou des arbres" et plante la lame d'une hache dans leurs genoux chaque fois qu'ils cherchent à se lever.

Troisième étape. Le marchandage. Écoutez, nous sommes un peuple rationnel. Essayons de trouver une solution. Détruisez cette forêt s'il le faut, mais plantez de nouveaux arbres dans les rémanents. Asséchez cette zone humide et construisez votre stupide Walmart, mais creusez un nouveau marais à côté de la route. Laissez le bétail piétiner cette rive et s'affaler dans le cours supérieur de cette rivière, mais installez une clôture pour empêcher les bêtes de s'approcher de la frayère. Tuez les smolts avec vos turbines, mais achetez de nouveaux poissons pour un autre cours d'eau. Puis créons une communauté et réexaminons la question dans cinq ans.

Quatrième étape. La dépression. Un désespoir suffisamment profond et sombre pour s'y noyer.

Et petit à petit, et de manière tout à fait regrettable, la dernière étape du deuil : l'acceptation.

Sur la côte de l'Oregon, les enfants ne connaissent essentiellement que des cours d'eau pauvres en poissons et privés de crues. Ici, tous les estuaires sont pollués, et l'eau d'aucune rivière n'est potable. C'est comme ça. Pourquoi penseraient-ils que cela pourrait être différent ? Les enfants qui n'ont jamais vu une forêt ancienne grimpent sur les énormes souches rouge sang qui se désagrègent comme ils grimperaient sur les genoux d'un grand-père au regard absent. Ils regardent les fougères et les jeunes plants de sapins-ciguë, incapables d'imaginer ce que c'était autrefois. Ils ne se souviennent pas de s'être réveillés au chant d'un oiseau. Comment un guillemot marbré pourrait-il leur manquer s'ils n'en ont jamais vu ? Ce n'est pas seulement leur paysage qui a subi une coupe rase, c'est leur imagination, la vaste étendue de leurs espoirs.

Et quand les souvenirs des forêts intactes s'effacent de la mémoire de leurs grands-parents, que les vieilles histoires deviennent assommantes – les bancs de saumons rouges se précipitant dans la rivière – et que les albums photos renferment des images stériles d'un autre lieu, d'un autre temps, alors une nouvelle porte ouvrant sur l'univers se ferme brusquement, un nouvel ensemble de possibilités disparaît à jamais.

Les écologistes appellent cela le changement de niveau de référence. Ce que nous acceptons comme étant la norme change progressivement. C'est ce à quoi nous devons résister : finir par accepter qu'un paysage dépouillé, endigué, pavé, contaminé, rasé au bulldozer, radioactif, appauvri est la norme – c'est comme ça que c'est censé être, ça a toujours été comme ça, et ce sera toujours comme ça. Voilà le résultat dont nous devrions avoir le plus peur.


Je quittai l'océan et retournai dans la forêt. Il y faisait sombre, et l'on entendait le bruit du vent et du ressac lointain. L'obscurité descendait dans les frondes des capillaires et les troncs broussailleux des cèdres centenaires. La terre en décomposition était un mur de granite noir portant le nom de tout ce qui avait été perdu et oublié sur l'autre versant de la montagne : les empreintes des couguars et des élans, les tritons de Californie au ventre jaune, arpentant la couche d'humus noir, les fougères épée se déployant, le chant flûté de la grive à collier, l'odeur du cèdre et de la terre ; la rivière côtière mouvementée, ses cours supérieurs enfouis sous des rondins de bois moussus, ses eaux jaillissant avec les saumons, ses plages dangereuses avec des déferlantes et des ours se balançant d'une patte sur l'autre. Je m'agenouillai et suivis du bout du doigt l'empreinte d'un héron gravée dans le sol noir au bord du cours d'eau.

Dans l'obscurité, la lumière tombait comme une douce pluie. Elle brillait sur chaque aiguille de sapin-ciguë et buisson de myrtilles, sur chaque feuille en fer de lance de l'oseille. Un troglodyte des forêts chanta dans les salals, et un corbeau appela au loin. Je m'appuyai à un ancien sapin de Douglas qui s'élançait vers le ciel et disparaissait dans la couverture nuageuse.

La nature sauvage est un témoin, se dressant immense et terrible dans la tempête au bord de la mer. Une forêt sauvage nous met face à ce que nous avons fait. Elle nous rappelle ce que nous avons perdu. Et elle nous donne une vision de ce qui pourrait – d'une certaine façon – renaître.

## CELA NE REVIENDRA PAS

Dans les cours d'eau côtiers, en automne, quand la lumière est basse et jaune et que la rivière forme une grande étendue d'eau plane, l'eau brille, lisse comme une obsidienne. Se balançant sur l'eau, des feuilles d'érable circiné bossellent la surface de la rivière, comme si leurs couleurs flamboyantes étaient suffisamment chaudes pour faire fondre la roche noire et vitreuse. Entre le Pacifique et les seuils à plusieurs kilomètres en amont, la rivière se déploie dans les eaux de marée, montant et descendant deux fois par jour, soulevant les fougères et les couchant à nouveau, rassemblant les feuilles d'aulne des bancs de gravier et les faisant lentement tournoyer dans les remous.

Frank et moi mîmes un bateau à l'eau, tard un après-midi, à l'étale de marée haute. Alors que nous ramions à contre-courant, le drift boat flottait sur le reflet d'un drift boat dans le ciel, les longues rames tirant contre leurs propres images. Chaque coup de rames ridait le ciel et faisait monter l'odeur de l'eau. Je me penchai par-dessus la proue pour guetter les saumons qui ont toujours afflué dans la rivière en octobre, mais je ne vis que le reflet de mon visage, affleurant dans la vague d'étrave.

Au milieu de la rivière, l'air se rafraîchit. Un kilomètre. Encore un, et nous enfilâmes nos vestes. Les couleurs du paysage s'atténuaient, les érables circinés rouges s'assombrissant en premier, les aulnes jaunes en dernier. Le long d'un fourré de saules, nous suivîmes un triangle de lumière, sans doute un castor, qui vira vers la berge et disparut. Alors que nous parcourions le dernier kilomètre, des harles nageant en file indienne luttaient contre le courant pour rejoindre un perchoir où passer la nuit. À la tombée du jour, nous arrivâmes enfin dans une fosse d'eaux calmes en amont d'une île et nous jetâmes l'ancre.

Sortant un canif de sa poche, Frank tailla une bougie qu'il enfonça dans l'ouverture d'une canette de bière posée à l'avant du bateau. À la faible lueur vacillante, nous nous installâmes chacun sur un plat-bord, buvant le thé de la Thermos et écoutant les derniers merles d'Amérique. Puis nous étalâmes nos sacs de couchage et nous allongeâmes dans le noir sur le plancher du bateau, avec seulement une épaisseur de duvet d'oie et la coque en bois entre la rivière et nos joues.

Tandis que nous nous balancions sur notre mouillage dans des eaux profondes et obscures, nous n'avions pas peur et nous n'étions pas fatigués, mais curieux et excités, comme de jeunes enfants qui se trouvent rarement dehors aussi tard. Le crépuscule est une région limitrophe. La frontière entre le jour et la nuit réfléchit des images sur sa surface noire et brillante. Pour voir dans la nuit, il vous faut patauger dans l'obscurité, la laisser monter et atteindre votre taille, vos épaules, passer au-dessus de votre tête, jusqu'à ce que vous vous souleviez et que vous flottiez, ballotté, et que la nuit inonde votre esprit et se presse contre votre poitrine.

La nuit, les frontières de nos corps s'estompent dans le noir, et nous devenons des sensations pures envahissant l'espace. La substance du monde s'évanouit, aussi, ne laissant que des impressions sensorielles – la douceur des arbres, l'humidité de l'air. Couchée dans le bateau, je suis perception et spéculation liées à l'univers par le déplacement de l'air. Un cèdre se transforme en odeur et inonde mon esprit. Le grognement d'un cerf plane en suspens, désincarné, au-dessus de la rivière, puis la rivière disparaît, ne laissant derrière elle que son odeur et son bruit.

En baissant, la marée nous rapprocha du lit de gravier. Lorsque nous nous réveillâmes aux environs de minuit, nous entendîmes des bulles éclater contre la coque du bateau, et c'était un son musical, comme des enfants jouant au loin. En se levant de nouveau, la marée nous souleva avec une sensation non pas de soulèvement mais de calme, puis, quand elle fut haute, de silence, le silence parfait des eaux tranquilles. Le bateau se balançait sur son ancre et des étoiles décrivaient des cercles au nord, au sud, au nord, comme si le temps avait perdu son sens de l'orientation.

Nous tendîmes l'oreille pour entendre le *splash* des saumons qui sautaient et retombaient lourdement sur leurs flancs – mais aucun ne vint. Il aurait dû y avoir des saumons bondissant partout autour de nous, s'écrasant dans l'eau, comme si toute une foule s'était rassemblée pour soulever des rondins dans la rivière. Je me tournai sur le côté pour écouter plus attentivement, faisant tanguer le bateau. Quand les mouvements s'atténuèrent, il ne resta plus qu'un silence étouffé par la rosée et le *tap-tap* de l'humidité dégoulinant des arbres.

Les odeurs vinrent peu à peu : dans l'air immobile, l'odeur des fougères humides se libérant, se posant sur le sable, laissant s'échapper les vapeurs de la boue à leurs racines, les amas des feuilles de saule pris dans leurs tiges. Quand l'air se déplaça légèrement dans le sens du courant, les odeurs des eaux fluviales s'infiltrèrent à l'intérieur du bateau, feuilles d'automne et racines des sapins-ciguë. Et quand l'air chaud montant des collines attira une brume de mer au-dessus de la rivière, je sentis l'odeur du sel et de l'huile de moteur, et le souffle des poissons et les tas iridescents des algues brunes, arrachées à la mer et à moitié enfouies dans le sable.

Peu après minuit, nous nous réveillâmes pour découvrir un brouillard de mer montant en flammes blanches derrière la forêt et dessinant le contour des branches des aulnes et des sapins de Douglas. Le banc de brouillard grossit lentement jusqu'à ce que le ciel entier baigne dans une lumière blanche. Lorsque Frank alluma sa lampe torche, nous constatâmes que nous étions pris dans une tempête miniature ; dans le faisceau de lumière, des gouttelettes tourbillonnaient dans de petites turbulences, des gerbes de rosée soufflaient en rafales, s'élançant vers le ciel, puis retombant, avant d'être de nouveau prisonnières et portées par le vent d'une minuscule tornade. Frank éteignit sa lampe, la tempête disparut, et je ne sentis plus que l'humidité sur mon visage, je ne vis plus que le ciel laiteux. Je fermai les yeux et le drift boat s'assouplit sous moi, bougeant en même temps que je bougeais, respirant en même temps que je respirais, doucement, lentement, frais et humide.

Tôt le matin. Le brouillard recouvrait la rivière d'une rive à l'autre. Debout dans le drift boat, Frank ramait vers l'île. La coque crissa contre le gravier et je descendis pour allumer un feu sur la plage et préparer notre petit déjeuner. Quand Frank repartit, je ne voyais au-dessus du brouillard que les contours de sa tête et de ses épaules, la soie, ondulante, et l'avant en pointe du bateau. Je restai un moment sur la plage, guettant le bruit d'un saumon argenté qui frapperait l'eau en se propulsant vers une mouche.

Puis, tout en suivant les traces d'un cerf dans le sable et les fougères, je gravis la pente de l'île vers la lumière. Le soleil créait un monde nouveau ici, ramenant les roitelets à la vie et faisant éternuer un cerf qui se cachait. Des souches se dressaient entre des aulnes de la forêt tertiaire. Sur la terre déboisée, des ronces et des orties repoussaient, mais la forêt aurait aussi bien pu être faite de toiles d'araignée, une infinité de toiles d'araignée en forme de sapins de Douglas et d'églantiers, embellissant l'air comme la lumière naissante.

Tout sur l'île était froid et humide – les pierres, les brindilles, les œufs durs, les feuilles plissées des aulnes –, mais j'avais apporté des allumettes de la maison, et de vieilles bougies et des branches de cèdre. Bientôt la vapeur montant de la théière se perdit dans la fumée de bois, laquelle se perdait dans le brouillard qui flottait sur la rivière. Aux abords de l'île, le monde était parfaitement double, l'arc que décrivait la branche d'un aulne faisant écho à un autre arc en dessous, et quand une feuille tombait dans l'eau, une autre remontait des profondeurs pour la rencontrer. Des corbeaux se reflétaient à l'envers dans la rivière, l'extrémité de leurs ailes tendues vers leurs doubles croassant dans le ciel.

La lumière s'allongea derrière les aulnes, comme si le sol de la forêt était en feu, puis le soleil zébra les pierres. Je me tins dans la chaleur d'un rayon, serrant une tasse de thé contre ma poitrine, la vapeur m'obligeant à plisser les yeux. Le brouillard se délita en filaments et en guipures et en volutes de fumée. Ce qui formait un tout auparavant se transforma en quelque chose de précis – au début, seul le brouillard se déplaçait sur l'eau, puis les couleurs se morcelèrent et émergèrent, des troglodytes des forêts jacassèrent, et de petits points de la terre se détachèrent, les uns après les autres, se déployant le long de la rivière. Les aulnes blancs, les feuilles ambrées – je regardais le monde se recréer de lui-même, séparant la lumière des ténèbres, les eaux au-dessus du firmament des eaux en dessous, les mers de la terre sèche, le jour de la nuit, les humains des marais et de la boue, de cette île baignée par les marées – un tas de pierres grises qui apparaît et disparaît à chacune d'elles.

J'entendis des bateaux approcher bien avant de les voir, de simples bateaux remontant le courant avec de vieux moteurs qui broutaient, l'odeur de l'essence se mélangeant à celle de la boue humide et des eaux profondes, des petits bateaux à moteur repoussant les vagues d'étrave contre la marée. En général, trois hommes s'y trouvaient, avec un chien parfois, ou deux hommes et un garçon, tous restant debout parce que personne ne veut s'asseoir sur un pont glissant à cause du brouillard et tremper son pantalon. La question était toujours la même, criée depuis la rivière : "Ça marsouine ?" Et la réponse était toujours la même : "Pas ici."

Peut-être que les saumons tardent à revenir cette année. Peut-être ont-ils déjà remonté la rivière, à moins qu'ils ne soient toujours dans l'estuaire, en attendant la pluie. Peut-être sont-ils dans une autre rivière, occupant d'une rive à l'autre l'Alsea, la Yaquina ou la Trask, déployant leurs nageoires dans les rais de lumière qui filtrent à travers les sapins de Douglas d'une forêt primaire. Peut-être ne viendront-ils pas cette année, pensais-je, en m'imaginant qu'ils avaient décidé de rester chez eux, comme j'aime imaginer mes parents dormant chez eux dans un autre fuseau horaire, se tenant par la main comme ils le faisaient autrefois, la couverture retombant d'un côté du lit, la lumière tamisée par les lamelles des stores, la lumière zébrée.

Ce que personne ne disait, ce que personne peut-être n'osait se dire, c'était que le dernier saumon de cette migration était peut-être mort, et que les saumons d'automne ne remonteraient pas cette rivière. Mais peut-être n'était-ce pas vrai. Peut-être *attendaient-ils* la pluie. Peut-être ne sautaient-ils pas tout simplement. Comment savoir s'il y a des saumons dans l'eau étale, tant qu'on n'a pas entendu leur bruit sourd et qu'on ne s'est pas retourné à temps pour voir un éclaboussement étincelant et un dos large ondoyant dans un tourbillon d'eaux noires et profondes.

Jamais nos sacs de couchage ne sécheraient sur cette île où l'humidité régnait. Frank les avait roulés mouillés et les avait fourrés sous le pont du bateau. Il n'avait attrapé aucun saumon, n'en avait pas vu un seul, et ne les avait pas entendus marsouiner non plus. Nous dérivâmes dans le courant à marée descendante, ramant près des plages sablonneuses en essayant de lire des histoires dans les empreintes des ratons laveurs et des loutres qui vagabondaient le long des rives, et en essayant aussi de repérer des saumons. Sur un banc de sable, nous vîmes là où une loutre s'était hissée, ruisselante, avant de se secouer – de petits cercles dans le sable, comme la marque des gouttes de pluie – et de tirer sa queue sur la plage.

Les traces de la loutre conduisaient à la lisière de l'herbe. Nous échouâmes le bateau et les suivîmes jusqu'au cadavre d'un saumon femelle, énorme et brillant, massif comme une jambe amputée. Sa tête avait été coupée et emportée. Nous la retournâmes. Quelqu'un lui avait incisé le ventre, des branchies à l'orifice anal, et avait pris les œufs – ces épaisses tranches d'œufs rouges –, abandonnant le reste pour qu'il pourrisse, se transforme en une substance visqueuse et pénètre dans le sol. Des petits animaux avaient grignoté les bords de l'intestin, mais la loutre n'avait pas touché au saumon, sentant probablement l'odeur métallique du couteau qui l'avait incisé, les bottes qui s'étaient éloignées et l'avait laissé dans le sable.

Et il y avait quelque part un pêcheur qui se servait de ces œufs comme d'un appât pour attraper des saumons. Je le voyais en pensée s'agenouiller pour poser l'amas d'œufs encore suintant sur son pantalon de ciré jaune, couper un morceau de la taille d'un pouce, y enfoncer un hameçon avec ardillon, former une boucle avec le fil et la passer autour des œufs, vérifier que le flotteur était bien attaché, et puis lancer sa ligne de l'autre côté de la fosse ; et je voyais les œufs, ces œufs rouge vif enchâssés dans l'hameçon, s'enfoncer dans les ténèbres sous les fougères, près des rochers, dans les eaux calmes, et se déplacer en suspension dans une fosse où il n'y a plus de saumon.

J'essayai de ne pas laisser le bateau à l'ombre, mais le soleil était bas, souvent derrière les arbres, et il n'y avait plus beaucoup de lumière sur la rivière même au milieu de l'après-midi. Entre le soleil et l'ombre, la différence de température était énorme – l'été et l'hiver, un T-shirt et une polaire. J'échangeai ma casquette contre un bonnet en laine, et passai de l'un à l'autre à chaque coude de la rivière. Plusieurs petits bateaux nous doublèrent ; dès qu'ils arrivaient dans des eaux tranquilles, ils coupaient le moteur pour mieux guetter les marsouinages des saumons.

Si les saumons ne migrent plus dans cette rivière, qu'aurons-nous perdu ? Quelle différence cela fait-il ? Quelle est la valeur d'un saumon – de ces saumons, dans cette rivière ? Je suppose que les gens peuvent acheter du saumon de l'Alaska, et l'avoir moins cher d'année en d'année. Les pêcheurs peuvent regarder le foot le samedi après-midi au lieu d'aller pêcher, et c'est vrai que nos équipes se sont bien débrouillées cet automne dans l'Oregon – les Beaver et les Duck ont toutes les deux gagné pour la première fois depuis des années. La pluie continuera de tomber sur des fosses tranquilles, et le brouillard de se lever, et s'il y a moins de ratons laveurs et de loutres, si les arbres sont plus clairsemés, il y aura toujours des feuilles ambrées glissant sur les eaux sombres, et l'odeur d'humidité de la rivière et des forêts défrichées. Et combien de gens, de toute façon, vont à la rivière ? Que représente un saumon pour quelqu'un qui n'en a jamais vu un seul marsouiner ?

Étale de marée haute. La fosse à saumons juste avant la rampe de mise à l'eau est toujours bondée de pêcheurs, qui laissent leurs bateaux dériver à contre-courant, pêchent à la traîne avec des leurres clignotants, s'attardent avec l'ultime rayon de soleil, guère impatients de passer de l'eau à la terre, de la rivière au parking, d'un bateau qu'ils manœuvrent à la rame à une remorque qu'ils ramènent dans la circulation. Il y avait encore un peu de lumière derrière les aulnes, mais un à un, les pêcheurs, debout dans leurs bateaux, enfilèrent de gros pulls par-dessus leurs têtes, tenant leurs cannes entre leurs genoux.

Peut-être que les saumons, pris d'une impulsion soudaine, allaient finir par arriver, des saumons qui attendaient la marée haute avant de migrer de la mer à la terre, de l'océan sombre aux rivières baignées de lumière, notre propre Perséphone, de l'obscurité à la lumière, tous les ans, pour marquer le passage des saisons. De l'eau à l'air et de l'air à l'eau, les saumons marsouinent dans ce monde sans substance qui ne supportera pas leurs poids, puis replongent dans l'eau – les cèdres entraperçus, le chant vif d'un oiseau, puis les profondeurs limoneuses –, vivant et mourant, de l'eau à la chair solide et de l'eau à nouveau, une tache humide sur une plage. Ni créatures de la mer, ni créatures de la rivière, ni chair, ni brouillard ; les saumons sont tout cela – et le mouvement régulier d'un monde à l'autre, cadencé, fiable, la possibilité de notre propre transformation entraperçue. Les saumons sont ce qui nous rappelle que tout autrefois était une seule et même chose et le sera de nouveau, et que nous faisons partie de cette chose-là, immense et unique, dont nous sommes séparés seulement le temps d'une saison.

## LA FIN DU COMMENCEMENT

> *Si le monde a été créé par la séparation*
> *d'une chose d'avec une autre,*
> *les mers de la terre sèche, les oiseaux du ciel*
> *des poissons de la mer,*
> *s'achèvera-t-il par leur réunion progressive ?*

Le dernier jour, une femme marcha jusqu'au bord de l'eau. Le brouillard se déplaça sur la plage, et elle devint un homme accroupi. Quand la brume se leva au-dessus de la dernière lumière du soir, l'homme s'était transformé en boue. Au crépuscule, un héron se percha sur le monticule de boue, et des crabes à pattes noires et des vers annélides s'abritèrent dans ses creux humides.

Au-delà de la pointe de terre, deux plongeons huards glissaient lentement sous la surface de l'eau, et un cormoran vira pour plonger dans la mer. Les ailes des oiseaux devinrent des nageoires et leurs plumes une écume argentée ruisselante, et ils étaient des poissons. Des harengs arquaient leurs corps dans l'air et devenaient des oiseaux ailés qui volaient au-dessus de la terre.

À la tombée du jour que voilait le brouillard, le dernier demi-dôme du soleil devint la lune décroissante, éclaboussée de vagues noires. Puis la lune s'évanouit dans la nuit. Les jours se patinèrent en années, et les années passèrent en un seul jour. Les saisons se mélangèrent, les feuilles jaunes des aulnes faisant fondre des trous dans la glace, la glace fondant dans des dents-de-chien, fanées et grêlées comme de la vieille neige.

Et les eaux de marée s'infiltrèrent dans les herbiers de zostères et se répandirent dans les eaux noires des rivières et dans tous les espaces sombres qui s'étaient formés, les uns à côté des autres, dans les promontoires effondrés. Quand la marée se retira à nouveau, elle entraîna les brindilles, la vase et les galets. Montant et descendant, les mers se mêlèrent à la terre sèche, et les îles disparurent et les pierres demeurèrent silencieuses, puis les îles s'éparpillèrent dans la mer. Dans le déferlement des vagues et la brume flottante, les eaux en dessous se soulevèrent dans les eaux au-dessus. Et sous les nuages, il n'y avait ni lumière d'étoile, ni clair de lune, ni rayon de soleil, mais une lueur jaune s'écoulant sur la peau violette de la mer.

Puis, il n'y eut ni lumière ni obscurité, mais seulement une nappe luisante sur la houle, l'esprit de Dieu allant à la surface des eaux, vacillant dans les vaguelettes du vent, montant et descendant, en ces temps d'avant le soir et le matin du premier jour.

## LA NUIT DE LA PÊCHE AUX COUTEAUX

Des pelles sur les épaules et des seaux dans les mains, nous marchions dans des dunes herbues, en direction de la mer. Il faisait froid et le temps était couvert, avec un vent du sud si fort qu'il couchait les graminées à terre et ridait la surface des flaques sur le sentier. Mais c'était parfait – le temps semblait inciter les gens à rester chez eux, où ils finissaient probablement le cognac et la tarte à la citrouille, mettaient une nouvelle bûche dans la cheminée, et regrettaient peut-être d'avoir trop mangé. Là, au milieu des dunes, il n'y avait que nous, courbant le dos dans le vent, nous dépêchant d'arriver à la plage une heure avant la marée propice aux couteaux, une marée de morte-eau, la plus basse en novembre. C'était une excursion en famille, comme il se devait à Thanksgiving – Jon, Frank et moi, ma sœur et son mari, et leur fille, Carley –, nous six en cuissardes allant d'un pas lourd dans le vent clair et sauvage.

Nous suivîmes le sentier jusqu'au sommet de l'avant-dune et regardâmes la plage. Il devait y avoir un millier de personnes – des pick-up garés dans tous les sens sur le sable, des chiens qui couraient partout, des gens amassés en une foule ondoyant sur la grève, toute une flopée reculant précipitamment à chaque vague qui arrivait, puis s'élançant vers la mer derrière l'écume fuyante. Nous restâmes là, un moment, immobiles, cherchant à comprendre d'où venaient tous ces gens. Comment avaient-ils amené leurs voitures sur la plage, et pourquoi n'étaient-ils pas chez eux en train de regarder le foot? Puis nous dévalâmes la dune à grands bonds et nous joignîmes à l'attroupement.

Il y avait un homme en chemise oxford, dont on aurait dit qu'il venait d'arracher sa cravate et de la jeter sur le siège arrière de sa voiture avant d'enfiler des waders camouflage et de se diriger vers la mer. Il y avait un homme barbu en ciré et short, les poils de ses jambes plaqués contre sa peau. Une femme avançait en traînant les pieds dans des waders en Néoprène si grands que l'entrejambe lui arrivait aux genoux et que les chaussons flottaient derrière elle comme des jambes cassées. Deux petits garçons couraient dans des bottes, poursuivis par le ressac, puis ils faisaient demi-tour en courant de nouveau et en donnant des coups de pied dans le liseré d'écume à mesure que les vagues retournaient à la mer.

Soudain, un soleil bas perça les nuages. De fins rayons de lumière s'abattirent entre les vagues bondissantes, et les gens offrirent une explosion de couleurs – rouge et jaune et bleu et encore jaune –, toutes réfléchies dans le miroir mouillé de la plage. Le soleil illuminait de ses rayons les cirés jaunes, les imperméables rouges, les parkas bleues, les bottes noires, luisantes, et les reflets brillants et tranchants.

Chaque fois que la nappe d'eau montait et s'éloignait, les gens la suivaient, en marchant vers la mer. Ils portaient tous une pelle qu'ils tenaient à l'envers, le manche tourné vers le sable. Ils faisaient quelques pas, tapotaient le sable avec le manche de leurs pelles, marchaient un peu plus loin, tapotaient à nouveau, espérant voir un petit creux se former à leurs pieds. Ce creux marquait l'endroit où un couteau, tressaillant parce qu'il avait été dérangé, avait rétracté ses siphons en laissant un trou.

Prenant place aux côtés des gens alignés sur une file, nous arpentâmes la plage, en tapotant et en scrutant le sable. Un cri s'éleva soudain et nous nous tournâmes pour mieux résister à une énorme vague arrivant à toute allure. Elle souleva une gerbe d'eau contre nos mollets, puis déferla avec la force d'une rivière, renversant une dame d'âge moyen en la percutant aux jambes. La femme roula dans la vague et se releva en vitesse. Les enfants rejoignirent la plage en courant. Nous tînmes bon, debout dans l'eau, jusqu'à ce que nos bottes soient entièrement immergées tandis que la mer, qui s'était calmée, se retirait lentement. Alors nous recommençâmes à marcher, en tapotant et en scrutant le sable.

Puis le soleil apparut à l'horizon, immense, jaune citron, visible en partie derrière les nuages brusquement bordés d'or. Nous levâmes tous les yeux de nos trous, et pile au même moment, une nouvelle vague surprit les enfants et remplit leurs bottes d'eau, et ils éclatèrent de rire en tombant à la renverse sur leurs fesses protégées par leurs cirés jaunes. Oubliant pelles et pêche, nous regardâmes le coucher du soleil, et l'écume qui décollait de la houle – les vagues blanches, les nuages aux contours dorés, le soleil impossible s'enfonçant trop vite pour que nous puissions le voir s'en aller. Et puis il disparut et le monde devint argenté, même les enfants, brillant comme des poissons dans la brume.

Frank planta sa pelle dans le sable, l'enfonçant sur toute la longueur du manche dans un trou, côté mer. Puis il s'agenouilla, plongea les deux bras jusqu'aux coudes dans le sable mouillé, et sortit un couteau. Il était énorme, plus long que sa main, et si gros qu'il débordait de sa coquille – une demi-livre de chair douce et blanche et propre et sentant la mer.

Les gens allaient et venaient sur l'estran dans le jour qui s'assombrissait, penchés sur leurs pelles, tapotant le sable, se mettant brusquement à genoux. Une brume pâle cachait la base des promontoires. À mesure que le crépuscule devenait plus obscur et fraîchissait, des familles entières s'en allèrent, les phares de leurs voitures formant un large faisceau lumineux balayant la plage. Il y aurait des couteaux ce soir, chez eux, pour un dîner tardif de Thanksgiving, le beurre grésillant et l'odeur de la mer salée embuant les fenêtres.

D'autres personnes allumèrent des lampes à pétrole et s'attardèrent. Tout le long de la plage, on pouvait voir osciller des cercles de lumière jaune, et leur répondant, des boules de lumière qui se réfléchissaient sur la nappe d'eau de la marée descendante. Plus la mer s'assombrissait, plus le ciel devenait d'un bleu profond. Les premières étoiles firent leur apparition. Des gens dont les silhouettes se découpaient dans l'obscurité se rassemblaient autour de leurs lampes, marchant lentement du même pas sur la grève, scrutant le sable à la recherche d'un signe, leurs visages luisant à la lueur des lanternes, et le devant de leurs salopettes en plastique lisse brillant – rouge, jaune, bleu. Ils se tenaient dans la mer enténébrée avec de l'eau jusqu'en haut des jambes, leurs lampes se balançant au-dessus des bas-fonds, un remous de couleurs vives tournoyant autour de leurs genoux.

Quand la mer se retira à nouveau, je vis le sable s'enfoncer dans une petite dépression. J'y introduisis ma pelle et l'agitai d'avant en arrière. Puis je m'agenouillai, remontai ma manche jusqu'au coude et plongeai la main dans le sable froid. Tout en faisant attention à ne pas me couper, je me mis à tâtonner. Quelque chose tressaillit. Je refermai ma main autour d'un couteau et le sortis en poussant un cri qui disparut dans le grondement des vagues. Des couteaux irisés de reflets bleus et bruns reposaient au fond de nos seaux. Deux chacun, si gros que nous n'avions pas besoin de plus.

Je crois savoir ce que cela veut dire d'être bénie. Le sable vide, le signe soudain, et puis le couteau, épais et à la chair tendre – non visible, non mérité, suffisant. Et je commence à comprendre ce qu'est la gratitude.

Lorsque j'interroge la philosophie occidentale à propos de la gratitude, j'obtiens une réponse sèche et peu convaincante : avoir de la gratitude, c'est éprouver un sentiment d'affection envers un bienfaiteur, quelque chose que l'on doit faire, mais c'est un devoir imparfait, car personne ne peut exiger cela d'autrui. Comme le pardon ou l'amour, la gratitude doit venir librement sinon elle perd de sa valeur. D'accord, mais comment peut-on ne pas être reconnaissant une nuit comme la nuit de la pêche aux couteaux ? Être conscient du vent humide et sensible aux rires des enfants, sentir la pression de la mer contre ses bottes et le poids des couteaux dans son seau – c'est suffisant, c'est un cadeau énorme. Et est-ce que cette nuit est si différente de n'importe quelle autre nuit ?

Je commence à comprendre que la gratitude est un mode de vie.

La gratitude est une sorte de vision, la prise de conscience de l'immensité du cadeau qu'est cette terre. Voir le monde avec gratitude, c'est être à jamais surpris par le simple fait de son existence, de sa beauté, de sa puissance et de son immortalité. La gratitude, c'est être attentif. Il est facile d'aller de par le monde sans jamais remarquer comment un vent changeant de direction modifie l'air depuis le sel jusqu'au cèdre, facile d'oublier la lune invisible qui affecte les marées. Avoir de la gratitude, c'est se tenir avec les yeux qui piquent et le nez qui coule face au vent du nord-ouest, et l'assimiler – c'est vraiment ça, l'assimiler – à toute l'étendue des dunes et au crépuscule et à chaque brin d'herbe qui dessine un cercle sur le sable. La gratitude débarrasse la coquille d'un couteau de sa fine pellicule marron et la tient dans le soleil – la lueur violacée – et s'émerveille devant ses stries, une par année, si semblables aux ondulations dans les lits des ruisseaux sur la plage.

La gratitude est également une sorte de terreur. Les cadeaux de ce monde nous viennent comme ça, sans que nous les ayons mérités. L'humanité n'a aucun droit sur l'univers pour ce qui relève de la lumière des étoiles ou des couteaux. Personne ne nous doit rien de tout cela – l'air pour respirer, les enfants pour lesquels on a peur, les marées pour marquer le passage de chaque journée, les tempêtes hivernales. La pluie n'est pas un droit que l'on acquiert à la naissance. Le monde est incertain, improbable, indépendant de notre volonté : il peut être ou ne pas être. Un petit changement dans une constante, et rien de tout ceci ne serait arrivé – l'univers n'existerait pas, les couteaux non plus. Si l'un de ces cadeaux devait nous être retiré, nous ne pourrions rien faire pour le récupérer, nous n'aurions aucun droit sur lui. Le cadeau est un mystère, qui dépasse l'entendement – pourquoi y a-t-il quelque chose plutôt que rien, et pourquoi est-ce si beau ?

La gratitude est une sorte de réjouissance. Même si elle ne l'a peut-être pas toujours été et ne l'est peut-être pas encore, la terre est réjouissante. Prendre soudainement conscience du cadeau peut nous remplir de joie, un bien-être qui arrive comme la marée haute, qui nous remonte le moral, élargit notre perception du possible, et se déploie, calme et brillant, aux horizons de nos vies.

Et est-ce que la gratitude est une obligation morale ? Je dirais que oui. L'obligation envers la terre même. Avoir de la gratitude, c'est vivre une vie qui honore ce cadeau. C'est en prendre soin, assurer sa sécurité, le protéger du danger. Ne pas le brader ni l'ignorer, mais le manier avec respect. Le célébrer, honorer la valeur qu'il représente de mille manières, pas seulement par des mots, mais dans la façon dont nous vivons nos vies.

## L'HISTOIRE DE NOËL

CETTE année, nous avons pris l'avion pour Noël. Frank et moi et nos grands enfants, nous avons fait tous les quatre nos valises et sommes partis pour le Costa Rica, loin des sapins couronnés d'anges, direction le sud avec ses urubus noirs et ses iguanes. Après tant d'années, Noël devenait compliqué. "Qu'est-ce que tu veux pour Noël?" me demandaient mon fils et ma fille, tandis que je me mettais dans tous mes états pour savoir quoi leur offrir. Comment un cadeau peut-il dire à vos enfants ce que vous souhaitez pour eux ? En y repensant, qui sait si je n'espérais pas qu'un urubu noir fasse l'affaire, et leur dise, là, devant une mer lustrée de soleil, dans les petites taches de bleu et d'or qui filaient à travers les ténèbres sous-marines, dans le cri des singes le matin et les traces des bernard-l'hermite sur la plage, voilà la mesure de l'amour que je vous porte et de l'espoir que je place en vous.

Mais peut-être cela n'avait-il rien à voir avec l'espoir. Cet hiver avait été une époque sombre, plus sombre que d'habitude, le monde allait mal et le gouvernement nous accoutumait à faire la guerre à d'autres pays, au terrorisme, aux forêts, à faire la guerre finalement à presque tout. Aussi notre décision traduisait-elle peut-être plus la peur que l'espoir. Quelle que soit la raison, nous décrétâmes que nous ne fêterions pas Noël cette année. Et c'est ainsi que nous nous retrouvâmes, le 24 décembre, assis, à attendre dans le noir sur les marches du bâtiment à l'entrée du Parque Nacional Marino Las Baulas de Guanacaste, le siège du parc national.

Nous attendîmes pendant des heures en regardant des geckos chasser sous les lumières de la véranda et attraper des mouches du vinaigre et des moustiques. Les geckos sont de petits lézards avec des pattes aux doigts évasés et d'énormes yeux. Nous les observâmes tandis qu'ils couraient le long des murs et marchaient au plafond, auxquels ils se collaient grâce aux ventouses microscopiques au bout des poils de leurs doigts. Les geckos émettent un cliquetis, comme le cliquetis d'une horloge, pour revendiquer un territoire, un endroit de choix derrière l'interrupteur, le coin d'une poutre. *Geck-o geck-o*, ils marquaient le temps qui passe, couvrant les cris des grandes sauterelles vertes, et les voix des gens, allongés sur les marches, parlant tout bas dans des langues que je ne comprenais pas.

Une mère vaporisa du répulsif contre les insectes dans les cheveux de son enfant. Un adolescent lisait un livre en allemand. Un couple partit pour dîner au restaurant à côté, faisant promettre à quelqu'un de venir les chercher s'il se passait quelque chose. Le reste d'entre nous attendit. De temps en temps, une radio crépitait, et l'on entendait des hommes parler précipitamment en espagnol. Tout le monde alors se levait. Mais comme il ne se passait rien, nous retournions à nos conversations et à nos lectures.

Puis, tout à coup, un garde forestier arriva ; il compta quinze personnes, parmi lesquelles nous nous trouvions, et il nous conduisit le long de la route menant à la plage. Le bruit courait qu'une tortue luth s'était hissée hors de l'eau et marchait péniblement sur la plage pour creuser un nid.

Il faisait particulièrement sombre sur la route, mais quand nous sortîmes de la forêt, l'océan apparut, lumineux, réfléchissant la lumière d'un million d'étoiles. Le sable était noir, parsemé de coquillages blancs comme le ciel était parsemé d'étoiles. À huit kilomètres, de l'autre côté de la baie, les lumières de Tamarindo éclairaient une traînée d'eau rose. À part ces lumières, aucun autre éclairage ne gâchait la nature sauvage de la plage, ni lampe électrique, ni luminaire extérieur, ni feu. Nous marchâmes en file indienne, traçant notre chemin dans le noir en suivant le bord blanc des brisants. Sans savoir où nous étions, sans savoir jusqu'où nous allions devoir aller, nous avancions péniblement en silence. Je commençais à avoir mal aux pieds à force de marcher dans le sable. Mais alors quelqu'un à la radio parla sur un ton pressant et notre petit groupe s'arrêta. La tortue avait déposé ses œufs et était retournée à la mer. Nous attendrions sur la plage qu'une autre tortue nage jusqu'au rivage.

Nous nous allongeâmes sur le sable, les mains jointes derrière la tête, et contemplâmes la nuit. J'aimerais dire ce que cela représentait pour moi, d'être allongée sur cette plage sauvage avec mon mari et nos grands enfants, de nouveau ensemble tous les quatre, au cœur de cette obscurité, de cet air chaud. Nous entendions le léger bruit de la houle et parfois des crabes fantômes qui grattaient. Les étoiles se reflétaient sur la grève humide – non pas des points lumineux mais des traînées de lumière pointant vers la plage, comme si le sable savait quelque chose à propos de la lumière des étoiles que nous ne pouvions qu'imaginer. Il y avait l'odeur du sable arrosé de sel, et celle, infime, de la moufette. De temps en temps, une luciole brillait. Je me dis, garde ce moment en toi. Laisse-toi porter par la joie de ce moment. Sens l'étreinte de cette petite famille. Cela ne se reproduira plus dans ta vie.

Le vent soufflait du large, mais nous avions chaud. Parfois une étoile tombait, tombait vraiment, dégringolant droit sur la houle pâle : mille degrés de brillance, et les lumières blanches et rouges des complexes hôteliers de Tamarindo, juste un scintillement sur la baie. Je sentais mes enfants près de moi, comme je n'avais plus senti leurs présences physiques depuis qu'ils étaient petits.

Une heure s'écoula, peut-être plus. Puis nous vîmes approcher du bout de la plage une lumière rouge, et nous nous levâmes et recommençâmes à marcher. Peu de temps après, nous croisâmes le chemin d'une tortue luth venue nidifier plus tôt cette nuit-là.

Une tortue luth peut parcourir un millier de kilomètres dans le Pacifique, mais elle revient toujours déposer ses œufs sur la plage où elle est née. Se tenant au large, elle attend la marée haute. Je pense au terrible sentiment d'urgence qui doit être le sien, au poids d'une centaine d'œufs arrivant à maturation dans son ventre, à son stress pour pondre là où la marée ne peut aller. J'imagine avec quel acharnement je fendrais les flots jusqu'à la plage, et combien, dans la soudaine pesanteur, mon corps me paraîtrait lourd, le poids du monde me poussant dans le sable doux. La trace laissée par la tortue sur la plage était large et profonde – un mètre vingt de large, dix centimètres de profondeur, comme si quelqu'un avait attaché une corde à une porte d'entrée, couché une grosse pierre dessus et l'avait traînée sur le sable. Nous nous mîmes à genoux pour la mesurer avec nos mains.

Il y a neuf ans, mille quatre cents tortues nidifiaient sur cette plage. L'année dernière, elles étaient soixante-huit. Les biologistes accusent les prises accessoires, des tortues piégées dans des filets et des lignes prévues pour les poissons. Pire, les tortues nagent instinctivement vers la lumière – l'écume lumineuse des vagues qui se brisent sur la plage. Aussi la confondent-elles avec les éclairages artificiels des complexes hôteliers qui les attirent aux mauvais endroits, vers un autre danger tout aussi grave. Quoique de nouveaux panneaux À VENDRE encombrent chaque chemin menant à ce parc, la plage représente trois kilomètres et demi d'obscurité, jusqu'à présent épargnée par l'éclairage artificiel.

Nous marchions en silence, en suivant le tracé des étoiles qui se reflétaient sur le sable mouillé laissé par les vagues. Je ne comprends pas cela : comment une étoile est un point lumineux et son reflet une flèche.

Peu après, notre groupe s'arrêta brusquement devant de nouvelles traces, plus récentes. Emboîtant le pas au garde forestier, nous remontâmes la plage, et nous avancions lentement maintenant, toujours en silence, gravissant la pente de sable sec. Et là, sur la dune au-dessus de la ligne de marée haute, se trouvait la tortue, vaguement rouge dans le faisceau de la lampe torche du garde. Elle était plus grosse que je ne me l'étais imaginée – peut-être quatre-vingt-dix centimètres de large et un mètre vingt de long. Sa carapace était noire et luisante, comme du cuir vernis, avec des plis profonds dans le sens de la longueur. À l'aide de ses nageoires postérieures, elle creusait un trou dans le sable ; elle ne se contentait pas de le repousser sur les côtés mais, en formant une coupelle avec une nageoire postérieure, de le soulever, lentement, coupelle pleine après coupelle pleine.

Nous nous rassemblâmes derrière elle en petits groupes, désireux de la voir mais ne voulant pas trop nous approcher. Si l'un d'entre nous parlait, c'était à voix basse. Au début, certains, impatients, se tendaient en avant pour voir dans le noir. Un homme hissa son fils sur ses épaules. Mais alors que la tortue creusait et creusait encore, un à un, nous nous accroupîmes, jusqu'à ce que nous soyons tous à genoux, pour attendre cette naissance.

Au-dessus de la plage enténébrée, balayée par la brise, les étoiles silencieuses se déplacent lentement sur le tissu noir du ciel. Le vent se lève, il fait voler le sable sec. Le faisceau de lumière rouge d'une lampe torche répand ses rayons sur l'énorme carapace de la tortue, et nous, qui sommes venus de si loin, sommes aux aguets.

Une heure passe, peut-être plus. La tortue continue de creuser lentement, puis au bout d'un moment, elle s'arrête, à moitié suspendue au-dessus du trou dans le sable. Les biologistes présents dans le groupe s'entretiennent aussitôt tout bas puis l'un d'entre eux se met à genoux près du trou et commence à creuser. Des lumières rouges éclairent la carapace de la tortue et se reflètent sur le sable, tandis que les autres biologistes s'approchent avec leurs lampes torches. Il est arrivé quelque chose. La tortue finit par se hisser hors du trou, puis elle traîne son corps par-dessus le talus de la ligne de marée haute et parcourt pesamment le long chemin qui la ramène à la mer.

J'ignore quel signe, quelles informations enregistrées dans ce cerveau ancestral, l'ont prévenue de ne pas confier ses œufs au monde à cet endroit et à cet instant. J'ignore quand le monde sera digne des espoirs d'une tortue luth en gestation. Tout ce que je sais, c'est qu'il n'y aura pas d'œufs dans ce nid. Un biologiste chuchote en espagnol. Quelqu'un traduit: elle va peut-être réessayer. Mais c'est peu probable. Quelque part dans la mer, elle libérera ses œufs, et ils tomberont, un à un, doux et blancs, dans les ténèbres de l'océan, chutant brutalement dans le noir avant de mourir.

Si vous faites la planche dans la piscine de la *pensione*, vous vous retrouvez à regarder le visage blanc d'un bonhomme de neige en papier mâché. Il a des lunettes de soleil réfléchissantes et une carotte en guise de nez. Son sourire est peint à la détrempe avec de la peinture noire et il est coiffé d'un chapeau en carton. Derrière lui, dans le ciel bleu, des urubus noirs s'élèvent dans les airs. C'est une bonne façon d'observer les urubus noirs que de faire la planche.

Je penche mes ailes en même temps qu'ils penchent les leurs, et je flotte sur l'eau qui a la même température que le ciel brûlé de soleil. Une volée de conures vertes passe à toute vitesse, en poussant des cris stridents.

À l'extérieur, sur le parking, quelqu'un a construit une crèche dans un abri fait de bottes de foin surmontées de tôle ondulée. Marie est un rideau de douche bleu garni de paille. Son visage est dessiné au crayon marqueur – un sourire pâle, deux gros yeux. Le visage de Joseph est une taie d'oreiller bourrée de coton. Des boules de coton dépassent du bas et forment une barbe échevelée. Un roitelet, perché sur l'épaule de Joseph, tire des filaments de coton pour son nid. J'ai vu le nid du roitelet au petit déjeuner ; dans un enchevêtrement de brins d'herbe et de boules de coton au creux du bras d'un cactus, la barbe de Joseph accueillait trois minuscules œufs roses. Il y a peut-être, ou pas, un Jésus dans la crèche ; je ne peux pas voir à l'intérieur. Mais il y a des fourmis, grouillant sur la patte écartée d'une grande sauterelle verte morte. C'est ce qu'on entend la nuit, la stridulation des sauterelles dans les arbres, et le matin, ce sont les singes qui aboient, comme de gros chiens.

— Est-ce que l'un d'entre vous a vu sa figure ?

Je suis debout dans la piscine. Il m'est brusquement venu à l'esprit que, devant l'imposante carapace de la tortue mère, avec tous nos espoirs concentrés sur sa queue charnue, je n'avais vu ni ses yeux ni ce qu'exprimait son regard.

— Non, dit Jonathan, mais si on l'avait regardée, on aurait probablement vu des larmes dans ses yeux. Les tortues pleurent, ajoute-t-il platement. C'est comme ça qu'elles se débarrassent du sel présent dans l'eau qu'elles boivent.

Comment avons-nous pu ne pas chercher à savoir ce qu'exprimait son regard ?

Je m'étais levée avant l'aube le jour de Noël et je descendis à la plage par la même route, mes pieds encore douloureux de la marche nocturne de la veille. Si loin au sud, le lever du jour est brillant et chaud. La route poussiéreuse est jonchée de cadavres d'animaux – crabes terrestres violets et oranges, écrabouillés et grouillant de fourmis. Tout ce qui est mort ou en train de mourir grouille de fourmis dans ce pays. Des tourterelles picorent tranquillement le gravier de la route et roucoulent, perchées sur les fils électriques.

Sur la plage à six heures du matin, de robustes jeunes hommes et femmes, debout face à la mer, observent les vagues vertes. Quelques surfeurs sont déjà à l'eau. Je marche sur la grève en espérant retrouver des traces de la nuit dernière. De nouveaux trous de crabes fantômes. Les empreintes des pattes à trois doigts d'un gros limicole. Des oursins plats, à la carapace cassée. Je finis par croiser le chemin que la première tortue luth a gravi péniblement en sortant de la mer – la tortue que nous n'avons jamais vue. Je distingue nettement la marque de chacun de ses mouvements pour se hisser sur la plage, les nageoires qui creusent, les coups de queue dans le sable. Elle a gravi la pente raide et meuble jusqu'au sable au-delà de la ligne de marée haute pour déposer ses œufs – probablement entre quarante et soixante, petits, comme des citrons blancs, qu'elle a recouverts d'une couche d'œufs infertiles pour satisfaire un renard ou un vautour. Je ne sais pas s'il y a encore des œufs ici. Quelqu'un m'a dit que les biologistes les attrapent au fur et à mesure qu'ils tombent, puis qu'ils les mettent dans un sac en tissu et les emportent dans leurs laboratoires en attendant qu'ils éclosent. Le sable était tout retourné au fond d'une dépression d'un peu plus de trois mètres de diamètre. De là, la trace de la tortue revenait à son point de départ, s'enfonçant vers la mer et disparaissant dans le sable nettoyé par le flux et le reflux.

Je continue de marcher. Ici, la tête en caoutchouc d'une poupée Minnie Mouse roule dans les vagues. Son visage a perdu de son éclat – qui sait depuis combien de temps elle est ballottée par le va-et-vient de la marée –, et toutes les couleurs ont été effacées par le frottement de l'eau. Mais elle a conservé son regard surpris, ses grandes oreilles, le ruban dans ses cheveux, son large sourire. Je plante la tête dans le sable sec et la laisse sourire à la mer.

Quelques pas plus loin, je tombe sur une tortue qui vient d'éclore, rampant faiblement dans la mauvaise direction. Ce n'est pas une tortue luth; sa carapace est ondulée, avec des plaques comme du cuir tanné, et non des plis. À mon avis, c'est une tortue olivâtre, une autre espèce de tortues qui pond sur cette plage. La toute petite tortue est très faible, à peine capable de se traîner pour avancer, et au lieu de ramper vers la mer, elle se déplace parallèlement à l'océan en titubant. Je la ramasse. Elle tient parfaitement dans la paume de ma main. Elle ne pèse rien du tout. Comment une créature qui paraît si dense peut être aussi légère ? Cette toute petite chose qui est une tortue. Que pourrais-je offrir à ce bébé, si petit et si perdu ? Y a-t-il une raison pour laquelle je ne devrais pas la porter jusqu'à la mer ? Je réfléchis aux différentes options. Les vagues déferlantes n'auront aucune pitié. Mais quelques minutes de plus au soleil, peut-être une demi-heure, et elle sera sûrement morte, couverte de sable, avec une armée de fourmis en chemin.

Je m'avance dans l'eau jusqu'aux chevilles et la dépose délicatement. Elle s'enfonce lentement, en se balançant de gauche à droite, comme une feuille dans une rivière. Une grosse vague se brise, et elle culbute dans tous les sens en roulant vers le rivage. Je la rattrape dans le creux de mes mains au moment où elle se trouve sur la crête de la vague, et la soulève à chaque nouvelle déferlante. Elle se repose pendant un moment dans la coupe que forment mes mains, puis, d'un battement de nageoires, elle remonte pour respirer, remonte à nouveau, se positionne face à la mer et commence à nager. J'ouvre les mains. La tortue se propulse dans la vague, droit devant elle, et disparaît.

## UN AUTRE MONDE POURRAIT NAÎTRE
## ICI MÊME

Les paroles des chansons volettent dans ma tête, comme des étourneaux, sans que je ne puisse rien y faire. *O for a Thousand Tongues to Sing*[*] sur le parking du cap Foulweather tandis qu'un corbeau me chaparde mon sandwich. *How many roads must a man walk down*[**] pendant que je patiente au téléphone. *O Beautiful for Spacious Skies*[***] à l'épicerie, derrière le rayon du pain. Il y a un millier de choses de mon enfance que j'ai oubliées – les noms de mes professeurs, la forme des mains de mon père –, mais je me rappellerai toujours la partie que chantait Garfunkel dans *The Sound of Silence*, tous les quatre vers.

Nous chantions debout dans l'église quand nous étions petites, ma sœur et moi. Je me souviens de cela, de tous les fidèles de la congrégation se levant en même temps, et je

---

[*] *Ô pour mille langues à chanter*, hymne de Charles Wesley.
[**] "Combien de routes un homme doit-il parcourir", tiré de *Blowin' in the Wind* de Bob Dylan.
[***] *Ô belle pour ces cieux vastes*, hymne patriotique américain.

me souviens aussi du bruit que nous faisions, debout – le craquement rauque des bancs que nous libérions, le froissement des vêtements et des pages. Le lever simultané, et ensuite le miracle: cent, deux cents individus irréductibles – le commis d'épicerie hargneux et la secrétaire de l'école, la femme aux épaules de moineau, l'organiste sautillant, les dames aux énormes sacs à main et les hommes aux petites têtes, tous avec leurs intrigues secrètes et leurs chagrins –, tous ouvrant la bouche en même temps. L'air ordinaire aspiré par des bouches rouges ou lie-de-vin ou pâles qui devient, une fois expulsé de tous ces poumons, une chose incroyable et magnifique.

Mais à présent ma sœur dit: "Je ne chante plus autant qu'avant, parce que, de plus en plus, ça me fait pleurer." Je n'en reviens pas, car j'ai éprouvé la même chose récemment. Lorsque je me lève pour chanter – à un match de foot, mon Dieu, ou à un concert à la maternelle la veille des vacances ou encore à l'église –, j'arrive à peu près à chanter un mot ou deux, *For the Beauty of the Earth, for the Glory of the Sky*\*. Mais après, je dois m'arrêter, je renifle et je suis gênée, parce que pleurer accapare mon souffle et il ne m'en reste plus pour le chant. J'essaie de comprendre ce pouvoir qu'a la musique.

Il y a vingt ans, des scientifiques de la NASA envoyèrent une sonde spatiale survoler Saturne, Neptune, Pluton, sachant qu'elle tournerait longtemps autour du

---

\* *Pour la beauté de la terre, pour la gloire du ciel*, hymne de John Rutter, compositeur et chef de chœur britannique né en 1945.

système solaire puis volerait dans l'espace et ne s'arrêterait jamais – à moins que des êtres d'une autre planète ne l'attrapent dans un filet et la rapportent chez eux. Quel message le satellite devait-il transporter pour aider des étrangers qui voyageraient dans l'espace à comprendre qui nous sommes ? Les scientifiques firent un enregistrement phonographique – un disque en cuivre de trente centimètres de diamètre dans une pochette en aluminium. Ils mirent une cellule et une aiguille dans la sonde et dessinèrent un croquis pour montrer comment marchait un tourne-disque. Puis ils gravèrent de la musique sur le disque : Bach et Beethoven et *Johnny B. Goode*. Des percussions africaines et des chants sacrés navajos. Flûte de pan, cornemuse, *La Flûte enchantée*. "Go Johnny, Go", *Sing With All the Sons of Glory, Joy Joy Sisters and Brothers*, tous ces airs enfournés dans la sonde, comme un œuf sur le point d'éclore, une graine à faire germer, volant à travers l'obscurité de l'espace longtemps après que nos civilisations seront réduites à l'état de pierres.

Un autre monde pourrait naître là, ensemençant une mer étrange avec ce qu'il y a de plus magnifique dans l'univers – le fait que les êtres humains peuvent ressentir les vibrations du monde physique, juste ça, juste le tremblement de l'univers, et le transformer en l'expression même de la joie et de l'action de grâce.

Comment faire ? Je harcèle mon mari de questions parce que, avec son doctorat en neurobiologie, il est censé savoir comment fonctionne le cerveau. Au lieu de me répondre, il me tend un exemplaire d'un magazine scientifique, ouvert à plat sur une photo en quadrichromie d'une coupe transversale d'un cerveau humain, artificiellement coloré en magenta, jaune, vert et bleu, du bleu intense de l'océan pendant une tempête. Il n'y a pas de zone dans le cerveau spécialement dédiée à la musique, ont découvert les scientifiques, comme il y a une zone spéciale pour l'odeur ou la vue. La lumière bleu-vert de la musique se répand dans le cerveau, se déversant dans toutes les zones où nous ressentons, comprenons, nous souvenons, préférons, percevons, analysons, espérons, redoutons. La partie du cerveau qui lit la musique nous aide à lire la souffrance sur le visage de quelqu'un. La zone de l'oreille absolue est la même que celle que le cerveau utilise pour comprendre le langage. Nous nous rappelons une mélodie là où nous nous rappelons les noms de nos enfants. Les éclaboussures au bord de cet immense océan bleu de musique occupent les zones où la compréhension peut se développer.

Qu'est-ce qui cloche, alors ? Ne pensez-vous pas que si nous avons la capacité de rassembler tout cela pour créer de l'harmonie à partir de rien, nous pourrions trouver aussi une manière de vivre en harmonie ? On ne peut pas vraiment en vouloir aux scientifiques de la NASA de ne pas avoir tout dit de notre déchirante histoire, en la révélant à l'univers éploré. Nous sommes si près du but. À maintes reprises, nous avons failli trouver une façon de vivre ensemble à la manière d'une chanson, toutes les parties allant leur propre chemin et convergeant en quelque chose de parfait et de puissant. Parfois, dans une faible mesure, nous arrivons à le faire – un voisinage, un jardin, un concert, une classe. Et puis, à maintes reprises, nous échouons – une petite mesquinerie ou une guerre qui n'en finit pas, un enfant seul ou une rivière empoisonnée. C'est cela le chagrin au cœur de toutes les musiques.

Malgré tout, je sais ce que signifie le fait de chanter debout, et j'essaie de me rappeler ce que je dois faire pour vivre ma vie comme de la musique. Tendue et attentive, fredonner avec l'énergie du monde de l'autre côté de ma porte – le clapotis des marées et les parents endeuillés et les vents qui se lèvent. Debout parmi les étrangers, écouter leurs voix et m'accorder avec ce qui est beau en eux, et vrai. Et parfois, marcher jusqu'à la lisière de ma vie et me tenir tout au bord, mes cheveux ondoyant et ma voix s'élevant en signe de célébration – *L'Ode à la joie*, filant au-delà de Saturne.

Un physicien vous dira ce que vous savez déjà. Que l'harmonie a le pouvoir de secouer le monde. Chantez une note claire, et la même note vibrera dans la vitre de votre fenêtre, dans les fils électriques, dans le piano du voisin, dans les aiguilles de pin, et l'air sera à jamais changé.

Sur la côte avec ma sœur, face à un vent si fort qu'il nous couche presque, nous avançons tant bien que mal jusqu'au bout du promontoire. Là, un responsable du parc, quelqu'un d'étonnant, a planté un écriteau avec les mots du poème *Crossing the Bar* de Lord Alfred Tennyson. *Twilight and evening bell, and after that the dark*\*. À quand remonte l'époque où nous chantions cette chanson avec le chœur de l'église ? "Tu te souviens ?" Je demande à ma sœur, et bien sûr, elle se souvient. Nous nous tenons à

---

\* "Le crépuscule et la cloche du soir, et après ça les ténèbres."

l'abri du phare et essayons de chanter, mais nous pleurons à la place dans l'union parfaite du promontoire et de la poésie, du vent, de la pluie et du chagrin, des sœurs et de la mer houleuse.

## REMERCIEMENTS

Où trouvez-vous vos idées ? C'est la première question que les gens me posent dans les ateliers d'écriture. La chance d'un écrivain, c'est de vivre dans un monde tourbillonnant d'idées. Tout ce qu'un écrivain a à faire, c'est les attraper en plein vol et les convaincre de s'aligner sur la page. Qui pourrait prétendre qu'une idée lui appartient ? Elles nous arrivent de toutes les directions en volant – des conversations qu'on a surprises, des suggestions venant d'amis, d'un livre adoré, d'un magazine chez le dentiste, de souvenirs, de la question d'un étudiant, de la vue sur un lac, de l'histoire d'un scientifique, d'une similarité soudaine, d'une conférence publique et soigneusement argumentée.

L'abondance d'idées que possède le monde est un immense cadeau pour un écrivain, et c'est un cadeau qu'il reçoit avec gratitude. Il existe des gens empreints de sagesse dont les idées m'ont particulièrement inspirée et émue – Rachel Carson, Viola Cordova, Jim Dodge, Jack Forbes, Linda Hogan, Freeman House, Oscar Kawagley, Robert Kennedy, Aldo Leopold, Nel Noddings, Scott Russell Sanders, Gary Snyder, Henry David Thoreau,

Terry Tempest Williams, Ann Zwinger. Avec gratitude et humilité, je les remercie pour leurs cadeaux et pour ceux d'innombrables autres personnes.

Je suis reconnaissante aux scientifiques qui ont partagé avec moi leurs histoires à propos de la terre – Jack Dymond, Stan Gregory, Frank Lake, Frank Moore, Jonathan Moore, Fred Swanson, Allen Throop – et à mes amis musiciens, John Bliss, Rachelle McCabe et Libby Roderick. Tout le mérite revient à David Allen Sibley, dont les magnifiques transcriptions des chants d'oiseaux apparaissent dans ces essais. Je remercie les écrivains qui ont pris du temps sur leur propre travail pour m'aider à donner forme à ce livre – Chris Anderson, Bill Cherwonit, Carole Ann Crateau, Franz Dolp, Jack Dymond, Charles Goodrich, Steve Radosevich, Carolyn Servid, Gail Wells. Merci à mes collègues du département de philosophie – Marcus Borg, Courtney Campbell, Michael Nelson et Lani Roberts. Mes chaleureux remerciements à tous mes étudiants, en particulier à Carrie Bailey, Francesca Marcus, Peter Martin et Laura Schmidt.

Merci à Emilie Buchwald, une éditrice pleine de sagesse et d'esprit, qui aurait pu prendre sa retraite dans son jardin, mais est restée pour finir ce livre ; et à H. Emerson Blake et Hilary Reeves, les brillants nouveaux directeurs de Milkweed Editions. Je dois remercier le Hundere Endowment for Religion and Culture de l'université d'État de l'Oregon, pour m'avoir accordé une subvention, et le Spring Creek Project for Ideas, Nature and the Written Word.

Je suis reconnaissante à mes enfants, Erin Moore, Jonathan Moore, et Anne Carlson ; à mes sœurs, Nancy Rosseli et Sally Swegan. Que deviendrais-je sans leurs histoires et leurs conseils, leurs idées et leur sagesse, leurs chansons, leur amour ? Et enfin, je remercie tout particulièrement mon mari, Frank, qui, s'exposant aux dangers des températures glaciales, de la noyade et de la foi, a parcouru la moitié de la terre sous la pluie en maintenant notre bateau à flot.

| | |
|---|---:|
| Prologue | 9 |
| UNE ÎLE SOUMISE AU RYTHME DES MARÉES | 15 |
| Géographie | 17 |
| La quarte augmentée | 19 |
| Traquer les phoques | 24 |
| Ce que signifie aimer un endroit | 31 |
| Femme célibataire timide et affectueuse | 46 |
| Des moisissures dans le réfrigérateur | 51 |
| Écouter, tard le soir | 61 |
| Vers une éthique écologique du *care* | 73 |
| Le départ de l'île | 82 |
| *Amazing grace* | 90 |
| UNE ÎLE AU MILIEU DE LA RIVIÈRE | 95 |
| Géographie | 97 |
| Les improvisations de mon cœur | 99 |
| L'équivalent moral de la nature sauvage | 107 |
| Les paraboles des rats et des souris | 123 |

| | |
|---|---|
| Sur quoi repose le monde | 135 |
| Apprendre à danser | 141 |
| Où devrais-je vivre, et pour quoi je devrais vivre | 152 |
| Noisettes et asticots (les bases concrètes de la confiance) | 160 |
| Faire sauter le barrage | 167 |
| Le feu et l'eau | 177 |
| Quatre histoires d'automne | 190 |
| | |
| UNE ÎLE CÔTIÈRE | 201 |
| Géographie | 203 |
| Le sacré et le profane | 205 |
| Une nuit, de trois cent soixante-cinq | 210 |
| Des chants dans la nuit | 215 |
| La transmission des caractères acquis | 229 |
| La route pour le cap Perpetua | 240 |
| Cela ne reviendra pas | 247 |
| La fin du commencement | 258 |
| La nuit de la pêche aux couteaux | 260 |
| L'histoire de Noël | 267 |
| Un autre monde pourrait naître ici même | 278 |
| | |
| Remerciements | 285 |

## CATALOGUE TOTEM

| | |
|---|---|
| 236 | Kathleen Dean Moore, *Sur quoi repose le monde* |
| 235 | Walter Tevis, *L'Arnaqueur* |
| 234 | Paul Tremblay, *La Cabane aux confins du monde* |
| 233 | Mario Rigoni Stern, *Histoire de Tönle* |
| 232 | Kate Reed Petty, *True Story* |
| 231 | William Boyle, *La Cité des marges* |
| 230 | Keith McCafferty, *Le Baiser des Crazy Mountains* |
| 229 | Elliot Ackerman, *En attendant Eden* |
| 228 | John Gierach, *Même les truites ont du vague à l'âme* |
| 227 | Charles Portis, *True Grit* |
| 226 | Jennifer Haigh, *Ce qui gît dans ses entrailles* |
| 225 | Doug Peacock, *Marcher vers l'horizon* |
| 224 | James McBride, *Deacon King Kong* |
| 223 | David Vann, *Komodo* |
| 222 | John Farris, *Furie* |
| 221 | Edward Abbey, *En descendant la rivière* |
| 220 | Bruce Machart, *Des hommes en devenir* |
| 219 | Mark Haskell Smith, *À bras raccourci* |
| 218 | Winston Groom, *Forrest Gump* |
| 217 | Larry McMurtry, *Les Rues de Laredo* |
| 216 | Terry Tempest Williams, *Refuge* |
| 215 | Wallace Stegner, *La Vie obstinée* |
| 214 | Piergiorgio Pulixi, *L'Île des âmes* |
| 213 | Giulia Caminito, *Un jour viendra* |
| 212 | Julia Glass, *Refaire le monde* |
| 211 | David Heska Wanbli Weiden, *Justice indienne* |
| 210 | Alex Taylor, *Le sang ne suffit pas* |
| 209 | Ross Macdonald, *Le Frisson* |
| 208 | Tiffany McDaniel, *Betty* |
| 207 | John D. Voelker, *Itinéraire d'un pêcheur à la mouche* |
| 206 | Thomas Berger, *Little Big Man* |
| 205 | Peter Swanson, *Huit crimes parfaits* |

| | |
|---|---|
| 204 | Andy Davidson, *Dans la vallée du soleil* |
| 203 | Walter Tevis, *L'Homme tombé du ciel* |
| 202 | James Crumley, *Le Canard siffleur mexicain* |
| 201 | Robert Olmstead, *Le Voyage de Robey Childs* |
| 200 | Pete Fromm, *Chinook* |
| 199 | Keith McCafferty, *La Vénus de Botticelli Creek* |
| 198 | Tom Robbins, *Jambes fluettes, etc.* |
| 197 | Nathaniel Hawthorne, *La Lettre écarlate* |
| 196 | Jennifer Haigh, *Le Grand Silence* |
| 195 | Kent Wascom, *Les Nouveaux Héritiers* |
| 194 | Benjamin Whitmer, *Les Dynamiteurs* |
| 193 | Barry Lopez, *Rêves arctiques* |
| 192 | William Boyle, *L'amitié est un cadeau à se faire* |
| 191 | Julia Glass, *Jours de juin* |
| 190 | Mark Haskell Smith, *Coup de vent* |
| 189 | Trevanian, *L'Été de Katya* |
| 188 | Chris Offutt, *Sortis des bois* |
| 187 | Todd Robinson, *Une affaire d'hommes* |
| 186 | Joe Wilkins, *Ces montagnes à jamais* |
| 185 | James Oliver Curwood, *Grizzly* |
| 184 | Peter Farris, *Les Mangeurs d'argile* |
| 183 | David Vann, *Un poisson sur la Lune* |
| 182 | Mary Relindes Ellis, *Le Guerrier Tortue* |
| 181 | Pete Fromm, *La Vie en chantier* |
| 180 | James Carlos Blake, *Handsome Harry* |
| 179 | Walter Tevis, *Le Jeu de la dame* |
| 178 | Wallace Stegner, *Lettres pour le monde sauvage* |
| 177 | Peter Swanson, *Vis-à-vis* |
| 176 | Boston Teran, *Méfiez-vous des morts* |
| 175 | Glendon Swarthout, *Homesman* |
| 174 | Ross Macdonald, *Le Corbillard zébré* |
| 173 | Walter Tevis, *L'Oiseau moqueur* |
| 172 | John Gierach, *Une journée pourrie au paradis des truites* |
| 171 | James Crumley, *La Danse de l'ours* |

| | |
|---|---|
| 170 | John Haines, *Les Étoiles, la neige, le feu* |
| 169 | Jake Hinkson, *Au nom du Bien* |
| 168 | James McBride, *La Couleur de l'eau* |
| 167 | Larry Brown, *Affronter l'orage* |
| 166 | Louisa May Alcott, *Les Quatre Filles du docteur March* |
| 165 | Chris Offutt, *Nuits Appalaches* |
| 164 | Edgar Allan Poe, *Le Sphinx et autres histoires* |
| 163 | Keith McCafferty, *Les Morts de Bear Creek* |
| 162 | Jamey Bradbury, *Sauvage* |
| 161 | S. Craig Zahler, *Les Spectres de la terre brisée* |
| 160 | Margaret Mitchell, *Autant en emporte le vent*, vol. 2 |
| 159 | Margaret Mitchell, *Autant en emporte le vent*, vol. 1 |
| 158 | Peter Farris, *Dernier Appel pour les vivants* |
| 157 | Julia Glass, *Une maison parmi les arbres* |
| 156 | Jim Lynch, *Le Chant de la frontière* |
| 155 | Edward Abbey, *Le Feu sur la montagne* |
| 154 | Pete Fromm, *Comment tout a commencé* |
| 153 | Charles Williams, *Calme plat* |
| 152 | Bob Shacochis, *Sur les eaux du volcan* |
| 151 | Benjamin Whitmer, *Évasion* |
| 150 | Glendon Swarthout, *11 h 14* |
| 149 | Kathleen Dean Moore, *Petit Traité de philosophie naturelle* |
| 148 | David Vann, *Le Bleu au-delà* |
| 147 | Stephen Crane, *L'Insigne rouge du courage* |
| 146 | James Crumley, *Le Dernier Baiser* |
| 145 | James McBride, *Mets le feu et tire-toi* |
| 144 | Larry Brown, *L'Usine à lapins* |
| 143 | Gabriel Tallent, *My Absolute Darling* |
| 142 | James Fenimore Cooper, *La Prairie* |
| 141 | Alan Tennant, *En vol* |
| 140 | Larry McMurtry, *Lune comanche* |
| 139 | William Boyle, *Le Témoin solitaire* |
| 138 | Wallace Stegner, *Le Goût sucré des pommes sauvages* |
| 137 | James Carlos Blake, *Crépuscule sanglant* |

| | |
|---|---|
| 136 | Edgar Allan Poe, *Le Chat noir et autres histoires* |
| 135 | Keith McCafferty, *Meurtres sur la Madison* |
| 134 | Emily Ruskovich, *Idaho* |
| 133 | Matthew McBride, *Frank Sinatra dans un mixeur* |
| 132 | Boston Teran, *Satan dans le désert* |
| 131 | Ross Macdonald, *Le Cas Wycherly* |
| 130 | Jim Lynch, *Face au vent* |
| 129 | Pete Fromm, *Mon désir le plus ardent* |
| 128 | Bruce Holbert, *L'Heure de plomb* |
| 127 | Peter Farris, *Le Diable en personne* |
| 126 | Joe Flanagan, *Un moindre mal* |
| 125 | Julia Glass, *La Nuit des lucioles* |
| 124 | Trevanian, *Incident à Twenty-Mile* |
| 123 | Thomas Savage, *Le Pouvoir du chien* |
| 122 | Lance Weller, *Les Marches de l'Amérique* |
| 121 | David Vann, *L'Obscure Clarté de l'air* |
| 120 | Emily Fridlund, *Une histoire des loups* |
| 119 | Jake Hinkson, *Sans lendemain* |
| 118 | James Crumley, *Fausse Piste* |
| 117 | John Gierach, *Sexe, mort et pêche à la mouche* |
| 116 | Charles Williams, *Hot Spot* |
| 115 | Benjamin Whitmer, *Cry Father* |
| 114 | Wallace Stegner, *Une journée d'automne* |
| 113 | William Boyle, *Tout est brisé* |
| 112 | James Fenimore Cooper, *Les Pionniers* |
| 111 | S. Craig Zahler, *Une assemblée de chacals* |
| 110 | Edward Abbey, *Désert solitaire* |
| 109 | Henry Bromell, *Little America* |
| 108 | Tom Robbins, *Une bien étrange attraction* |
| 107 | Christa Faust, *Money Shot* |
| 106 | Jean Hegland, *Dans la forêt* |
| 105 | Ross Macdonald, *L'Affaire Galton* |
| 104 | Chris Offutt, *Kentucky Straight* |
| 103 | Ellen Urbani, *Landfall* |

| | |
|---|---|
| 102 | Edgar Allan Poe, *La Chute de la maison Usher et autres histoires* |
| 101 | Pete Fromm, *Le Nom des étoiles* |
| 100 | David Vann, *Aquarium* |
| 99 | *Nous le peuple* |
| 98 | Jon Bassoff, *Corrosion* |
| 97 | Phil Klay, *Fin de mission* |
| 96 | Ned Crabb, *Meurtres à Willow Pond* |
| 95 | Larry Brown, *Sale Boulot* |
| 94 | Katherine Dunn, *Amour monstre* |
| 93 | Jim Lynch, *Les Grandes Marées* |
| 92 | Alex Taylor, *Le Verger de marbre* |
| 91 | Edward Abbey, *Le Retour du gang* |
| 90 | S. Craig Zahler, *Exécutions à Victory* |
| 89 | Bob Shacochis, *La femme qui avait perdu son âme* |
| 88 | David Vann, *Goat Mountain* |
| 87 | Charles Williams, *Le Bikini de diamants* |
| 86 | Wallace Stegner, *En lieu sûr* |
| 85 | Jake Hinkson, *L'Enfer de Church Street* |
| 84 | James Fenimore Cooper, *Le Dernier des Mohicans* |
| 83 | Larry McMurtry, *La Marche du mort* |
| 82 | Aaron Gwyn, *La Quête de Wynne* |
| 81 | James McBride, *L'Oiseau du Bon Dieu* |
| 80 | Trevanian, *The Main* |
| 79 | Henry David Thoreau, *La Désobéissance civile* |
| 78 | Henry David Thoreau, *Walden* |
| 77 | James M. Cain, *Assurance sur la mort* |
| 76 | Tom Robbins, *Nature morte avec Pivert* |
| 75 | Todd Robinson, *Cassandra* |
| 74 | Pete Fromm, *Lucy in the Sky* |
| 73 | Glendon Swarthout, *Bénis soient les enfants et les bêtes* |
| 72 | Benjamin Whitmer, *Pike* |
| 71 | Larry Brown, *Fay* |
| 70 | John Gierach, *Traité du zen et de l'art de la pêche à la mouche* |
| 69 | Edward Abbey, *Le Gang de la clef à molette* |

| | |
|---|---|
| 68 | David Vann, *Impurs* |
| 67 | Bruce Holbert, *Animaux solitaires* |
| 66 | Kurt Vonnegut, *Nuit mère* |
| 65 | Trevanian, *Shibumi* |
| 64 | Chris Offutt, *Le Bon Frère* |
| 63 | Tobias Wolff, *Un voleur parmi nous* |
| 62 | Wallace Stegner, *La Montagne en sucre* |
| 61 | Kim Zupan, *Les Arpenteurs* |
| 60 | Samuel W. Gailey, *Deep Winter* |
| 59 | Bob Shacochis, *Au bonheur des îles* |
| 58 | William March, *Compagnie K* |
| 57 | Larry Brown, *Père et Fils* |
| 56 | Ross Macdonald, *Les Oiseaux de malheur* |
| 55 | Ayana Mathis, *Les Douze Tribus d'Hattie* |
| 54 | James McBride, *Miracle à Santa Anna* |
| 53 | Dorothy Johnson, *La Colline des potences* |
| 52 | James Dickey, *Délivrance* |
| 51 | Eve Babitz, *Jours tranquilles, brèves rencontres* |
| 50 | Tom Robbins, *Un parfum de jitterbug* |
| 49 | Tim O'Brien, *Au lac des Bois* |
| 48 | William Tapply, *Dark Tiger* |
| 46 | Mark Spragg, *Là où les rivières se séparent* |
| 45 | Ross Macdonald, *La Côte barbare* |
| 44 | David Vann, *Dernier jour sur terre* |
| 43 | Tobias Wolff, *Dans le jardin des martyrs nord-américains* |
| 42 | Ross Macdonald, *Trouver une victime* |
| 41 | Tom Robbins, *Comme la grenouille sur son nénuphar* |
| 40 | Howard Fast, *La Dernière Frontière* |
| 39 | Kurt Vonnegut, *Le Petit Déjeuner des champions* |
| 38 | Kurt Vonnegut, *Dieu vous bénisse, monsieur Rosewater* |
| 37 | Larry Brown, *Joe* |
| 36 | Craig Johnson, *Enfants de poussière* |
| 35 | William G. Tapply, *Casco Bay* |
| 34 | Lance Weller, *Wilderness* |

| | |
|---|---|
| 33 | Trevanian, *L'Expert* |
| 32 | Bruce Machart, *Le Sillage de l'oubli* |
| 31 | Ross Macdonald, *Le Sourire d'ivoire* |
| 30 | David Morrell, *Rambo* |
| 29 | Ross Macdonald, *À chacun sa mort* |
| 28 | Rick Bass, *Le Livre de Yaak* |
| 27 | Dorothy Johnson, *Contrée indienne* |
| 26 | Craig Johnson, *L'Indien blanc* |
| 25 | David Vann, *Désolations* |
| 24 | Tom Robbins, *B comme Bière* |
| 23 | Glendon Swarthout, *Le Tireur* |
| 22 | Mark Spragg, *Une vie inachevée* |
| 21 | Ron Carlson, *Le Signal* |
| 20 | William G. Tapply, *Dérive sanglante* |
| 19 | Ross Macdonald, *Noyade en eau douce* |
| 18 | Ross Macdonald, *Cible mouvante* |
| 17 | Doug Peacock, *Mes années grizzly* |
| 15 | Tom Robbins, *Féroces infirmes retour des pays chauds* |
| 14 | Larry McMurtry, *Texasville* |
| 13 | Larry McMurtry, *La Dernière Séance* |
| 12 | David Vann, *Sukkwan Island* |
| 11 | Tim O'Brien, *Les choses qu'ils emportaient* |
| 10 | Howard McCord, *L'homme qui marchait sur la Lune* |
| 9 | Craig Johnson, *Little Bird* |
| 8 | Larry McMurtry, *Lonesome Dove*, épisode 2 |
| 7 | Larry McMurtry, *Lonesome Dove*, épisode 1 |
| 6 | Rick Bass, *Les Derniers Grizzlys* |
| 5 | Jim Tenuto, *La Rivière de sang* |
| 4 | Tom Robbins, *Même les cow-girls ont du vague à l'âme* |
| 3 | Trevanian, *La Sanction* |
| 2 | Pete Fromm, *Indian Creek* |
| 1 | Larry Watson, *Montana 1948* |

Retrouvez l'ensemble de notre catalogue sur
www.gallmeister.fr

CET OUVRAGE A ÉTÉ COMPOSÉ PAR
ATLANT'COMMUNICATION
AU Bernard (VENDÉE).

ACHEVÉ D'IMPRIMER EN DÉCEMBRE 2022 SUR LES PRESSES
DE NORMANDIE ROTO IMPRESSION S.A.S., 61250 LONRAI
POUR LE COMPTE DES ÉDITIONS GALLMEISTER
13, RUE DE NESLE, 75006 PARIS

IMPRIMÉ EN FRANCE

DÉPÔT LÉGAL : FÉVRIER 2023
N° D'IMPRESSION : 2206031